Parlons douala

Parlons…

Collection dirigée par Michel Malherbe

Dernières parutions

Parlons routoul, Svetlana Makhmudova, 2012.
Parlons coréen, Michel Malherbe et Olivier Tellier, 2012.
Parlons lak, Kamil TCHALAEV, 2012.
Parlons shor, Saodat DANIYAROVA, 2012.
Parlons bouriate. Russie-Baïkal, Galina DRUON, 2012.
Parlons shina, Karim KHAN SAKA, *2012.*
Parlons batak, Yetty ARITONANG, 2011.
Parlons kimbundu, Jean de Dieu N'SONDE, 2011.
Parlons taiwanais, Rémy GILS, 2011.
Parlons iaaï, Daniel MIROUX, 2011.
Parlons xhosa, Zamantuli SCARAFFIOTTI, 2011.
Parlons géorgien, Irina ASSATIANI et Michel MALHERBE, 2011.
Parlons tedim, Joseph RUELLEN, 2011.
Parlons serbe, K. DJORDJEVIC, 2011.
Parlons talysh, Irada Piriyeva, 2010.
Parlons gagaouze, Güllü Karanfil, 2010.
Parlons dogon, Denis Amadingue DOUYON, 2010.
Parlons nheengatu, Ozias Alves Jr., 2010.
Parlons tpuri, Kolyang Dina TAIWE, 2010.
Parlons sakha, Émilie MAJ et Marine LE BERRE-SEMENOV, 2010.
Parlons arabe libanais, Fida BIZRI, 2010.
Parlons fang. Culture et langue des Fang du Gabon et d'ailleurs, Cyriaque Simon-Pierre AKOMO-ZOGHE, 2010.
Parlons amis, Rémy GILS, 2010.
Parlons wakhi. Culture et langue du peuple wakhi – Pakistan, Afghanistan, Tadjikistan et Chine, Karim KHAN SAKA, 2010.
Parlons twi. Langue et culture, Kofi ADU MANYAH, 2009.

Valérie Ewane

Parlons douala

Langue bantoue du Cameroun

L'Harmattan

Du même auteur

La Chèvre et l'Oryx, conte bilingue douala-français, février 2006, Editions L'Harmattan.

Guide de conjugaison en langue douala, juin 2008, Editions Esaela.

Madíbí l'océan et Mukílí le continent, conte bilingue douala-français, janvier 2009, Editions Esaela.

5-7, rue de l'Ecole-Polytechnique, 75005 Paris

http://www.librairieharmattan.com
diffusion.harmattan@wanadoo.fr
harmattan1@wanadoo.fr

ISBN : 978-2-336-00087-9
EAN : 9782336000879

À tous ceux qui me sont chers

- Remerciements -

à Michel Malherbe, pour les conseils techniques lors de la rédaction de cet ouvrage.

Carte du Cameroun

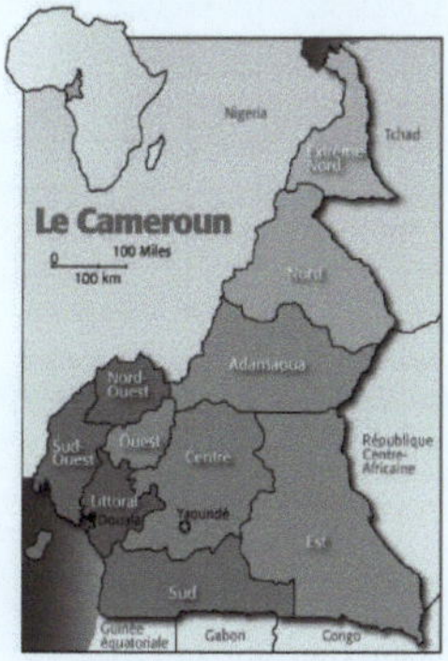

<u>Provinces et chefs-lieux</u>

1 – Adamaoua (**Adamáwa**) : Ngaoundéré
2 – Centre (**Mutonga**) : Yaoundé
3 – Est (**Jedú**): Bertoua
4 – Extrême-Nord (**Pénjá**) : Maroua
5 – Littoral (**Sáwá**) : Douala
6 – Nord (**Póngó**) : Garoua
7 – Nord-Ouest (**Póngó'á Mbenge**) : Bamenda
8 – Ouest (**Mbenge**) : Bafoussam
9 – Sud (**Mikóndo**) : Ebolowa
10 – Sud-Ouest (**Mikóndo má Mbenge**) : Buéa

Carte de la région côtière

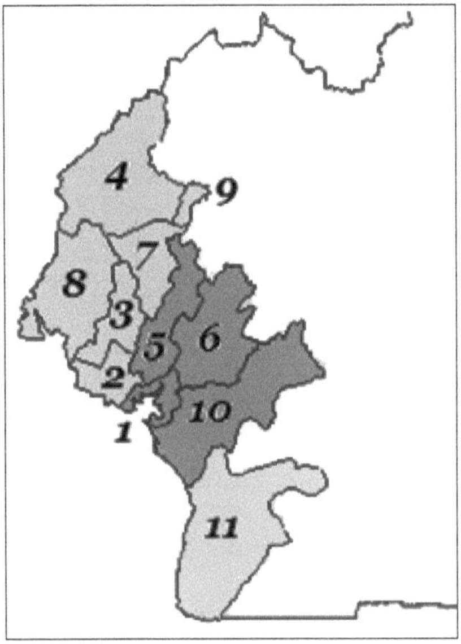

Départements et chefs-lieux

1 – Wouri : Douala
2 - Fako : Limbé
3 - Mémé : Kumba
4 - Manyu : Mamfé
5 - Moungo : Nkongsamba
6 - Nkam : Yabasi
7 - Koupé-manenguba : Bangem
8 - Ndian : Mundemba
9 - Lebialem : Menji
10 - Sanaga-maritime : Edéa
11 - Océan : kribi

Les **Sáwá** (*côtiers*, *riverains*) sont localisés dans les provinces du Littoral, du sud-Ouest, et dans le département de l'Océan. Il s'agit des Douala, Abo, Bakweri, Batanga, Balong, Bakaka, Mboo, Bakosi, Banyangi, Wuri, Pongo, Balimba, Bongkeng, Isubu, Mongo, etc. Tous partagent la même origine et la même culture, et ils parlent des langues très proches, le douala est leur langue véhiculaire.

Le Cameroun en chiffres

Nom officiel : République du Cameroun
Régime : présidentiel
Devise : Paix – Travail – Patrie
Population : 19, 3 millions en 2010
Superficie : 475 440 km²
Fleuves principaux : Sanaga, Mbam, Wouri, Dibamba, Moungo, Nkam, Noun, Ntem, Logone, Chari, Bénoué, Nyong.
Capitale : Yaoundé, 2 millions d'habitants.
Capitale économique : Douala, 3 millions d'habitants, ville portuaire.
Autres villes importantes : Garoua, Maroua, Ngaoundéré, Bafoussam, Buéa, Limbé, Bamenda, Ebolowa, Kribi, Edea, Nkongsamba, Bertoua.
Langues officielles : Français 80% et Anglais 20%
Langues locales : douala, bassa, batanga, bakweri, banyangi, ewondo, bulu, bafia, haoussa, fufuldé, toupouri, féfé, mendumba, ghomla, bamum, lamso, etc. Ainsi que le pidgin-english (à base d'anglais), très répandu dans les milieux populeux.
Scolarisation : 65% de la population est alphabétisée
Urbanisation : 41,5% de la population citadine
Climat : tropical au nord, équatorial au sud
Monnaie : franc CFA, 1 euro = 655,975 franc cfa
Economie : café, cacao, bois, pétrole, coton, élevage de bovins, de volailles.
Religion : 40% Christianisme, 40% Religion Traditionnelle, 20 % Islam.

Le Cameroun en quelques dates

- **1884 :** Le Cameroun est un protectorat allemand
- **1916 :** Les troupes françaises et anglaises chassent les colonisateurs allemands à la faveur du premier conflit mondial.
- **1er janvier 1960 :** Accession à l'Indépendance
- **1er octobre 1961 :** Après un référendum organisé par l'ONU, naissance de la République fédérale du Cameroun. La partie

la plus occidentale des deux provinces anglophones demande et obtient son rattachement au Nigeria. L'Assemblée Nationale élit Ahmadou Ahidjo, Président de la République.

- **1972 :** L'Etat Fédéral devient la République Unie du Cameroun.
- **Novembre 1982** : accession de Paul Biya au pouvoir.

Antiquité et origines du peuple douala

Comme les peuples bantous aujourd'hui installés de l'Afrique centrale à l'Afrique australe, les Douala viennent de la vallée du Nil. Ils appartiennent au grand groupe des Ngala, qui aurait migré vers le sud de l'Afrique vers la moitié du IIème millénaire avant J-C, et dont la grande majorité est aujourd'hui localisée au Cameroun, au Gabon, en Centrafrique, en Ouganda, et aux deux Congos. L'histoire récente situe le départ d'un de leurs ancêtres dénommé Mbôngô Mbè dans la région du bassin du Congo, au début du XVème siècle, le groupe étant habitué à vivre dans les lieux fluviaux.

Arrivés sur les rives du fleuve Wouri, les Sawa-Duala ont établi des relations matrimoniales avec les Bassa et les Bakoko, tous réunis sous une alliance appelée «**masósó má Nyambé**», *le foyer divin.* Ils ont également établis des relations commerciales avec les Européens (Hollandais, Portugais, Anglais...), dans le commerce des produits tropicaux et des esclaves. Le golfe de Guinée fut en effet une des région qui a le plus souffert de la traite négrière.

Le traité germano - duala

Pour faire face à une mondialisation déjà bien initiée, les rois douala, dont le souhait était d'ouvrir leurs territoires à l'industrialisation et à une administration moderne européenne, tout en conservant leur souveraineté, ont sollicité l'administration britannique, mais Hewett, le consul anglais, hésita jusqu'à la fin, en raison des exigences jugées trop limitatives du pouvoir anglais sur ce territoire et sa population. Le traité fut finalement signé le 12 juillet 1884, entre les allemands d'une part, représentés par Gustav Nachtigal et d'autre part Ndumb'a Lobe, le King Bell, et

Dika Mpondo, le King Akwa, mettant ainsi le Kamerun – la ville de Douala et ses alentours – sous protectorat allemand. Des firmes commerciales allemandes s'étaient déjà accaparées une grande partie du commerce camerounais, et avaient convaincu le chancelier Otto von Bismarck d'établir un protectorat au Cameroun. Ce dernier put ensuite brandir le Kamerun comme une de ses possessions d'outre-mer à la conférence internationale de Berlin, sur le partage de l'Afrique, qui eut lieu de novembre 1884 à février 1885, bien que le traité stipulât clairement qu'il n'était question ni d'annexion, ni de colonisation, ni d'occupation de terre. Le monde était de toute façon à l'heure des conquêtes coloniales, et les rapports de force étant à l'avantage des allemands, ceux-ci étendirent vite leur influence à l'intérieur du pays, signant des traités avec d'autres rois et chefs locaux.

Les Douala aujourd'hui

Le peuple est localisé dans la région arrosée par le fleuve Wouri. Notamment dans la ville de Douala, aussi bien au Centre-ville, à Akwa, à Deido, à Bonanjô, que dans les villages tels que Bonendalè, Bojôngô, Ngangué, l'île de Djébalè, et aux alentours de la ville. Traditionnellement cultivateurs, éleveurs, artisants, et surtout pècheurs et commerçants, la conjoncture et la modernisation de leur environnement a conduit progressivement le peuple vers d'autres activités professionnelles diverses. Des activités comme la sculpture des masques et des pirogues sont devenues rares.

Les locuteurs de la langue douala sont estimés à 400.000 personnes, dont environ 150.000 comme langue native. La diaspora serait aussi nombreuse que le peuple resté au pays. Par ailleurs, on retrouve des descendants du peuple en Amérique, du nord au sud, à Cuba, dont certains reviennent de plus en plus au Cameroun, à la recherche de leurs racines.

Cartes des groupes ethniques sawa-duala

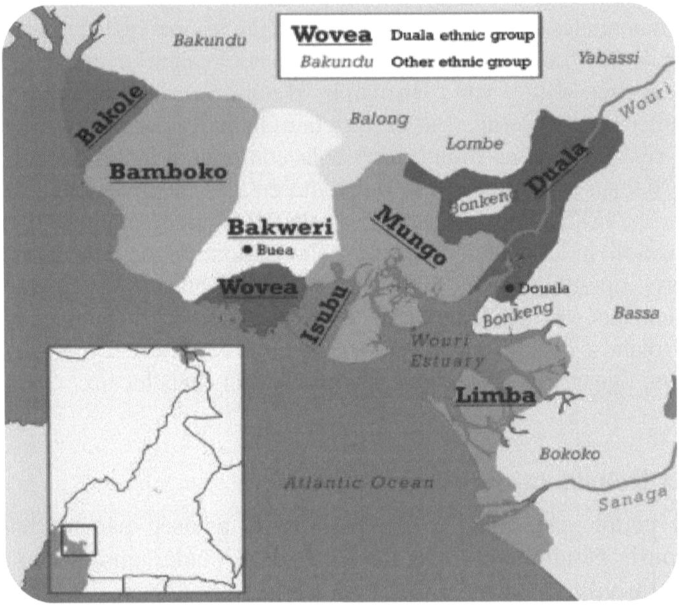

La ville de Douala aujourd'hui

Douala est la capitale économique. C'est aussi une ville portuaire, qui représente environ 95% du trafic maritime du Cameroun. Son port possède 13 terminaux spécialisés, avec une capacité de près de 4 millions de tonnes en 2011. Naturellement, la ville est dotée d'un aéroport international.

En temps que grande métropole, Douala a attiré les populations venues de toutes les régions du Cameroun, et des autres pays d'Afrique. Soumise à un fort exode rural, la ville a vu sa population passer de 100.000 à 400.000 habitants en moins de 20 ans. Ce bouleversement démographique abrupt au début des années 1950, a quelques fois engendré des problèmes de cohabitation, de logement aussi. La population est aujourd'hui estimée à plus de 3 millions de personnes. La ville est très cosmopolite, et elle représente le Cameroun en miniature, par la diversité de la population.

Première partie :

Description de la langue

L'alphabet

Le douala appartient au groupe A24 des langues bantoues (Guthrie), il s'écrit en caractères latins. Son alphabet comporte 26 lettres qui sont :

lettre	**prononciation**	**Exemple**
a	comme en français	*ami*
b	implosif (**ɓ**), sauf devant i/u	*boule*
c	tch	*Tchad*
d	implosif (**ɗ**), sauf devant i/u	*dos*
e	toujours é	*été*
e̱	toujours è	*mère*
f	comme en français	*face*
g	jamais comme j, toujours g	*gâteau*
h	aspiré	*haricot*
i	comme en français	*île*
j	dj ; comme en anglais	*jump*
k	comme en français	*kola*
l	comme en français	*lit*
m	comme en français	*mou*
n	comme en français	*non*
ñ	ny, gne, (**ɲ**) comme en espagnol	*pagne*
ṅ	ng (**ŋ**) ; comme en anglais	*camping*
o	comme en français	*hôpital*
o̱	o ouvert	*or, robe*
p	comme en français	*poupée*
r	comme en français	*rire*
s	toujours ss	*soupe*
t	comme en français	*tige*
u	ou	*doux*
w	pas à l'allemande	*Malawi*
y	semi-voyelle	*paille*

Autre écriture

En mars 1979, pour l'harmonisation de l'écriture des langues du Cameroun, encore orales pour la grande majorité, a été établie l'*Alphabet général des langues camerounaises*. Elle est utilisée pour enseigner ces langues nationales, y compris le douala, dans quelques établissements. Or le douala possédait déjà une orthographe propre et bien définie. Ce nouvel alphabet s'apparente plus à un alphabet phonétique, il diffère de l'alphabet douala par certains caractères.

lettre	**équivalent**
e̲	ɛ
b	b et ɓ / Ɓ
d	d et ɗ / Ɗ
ñ / Ñ	ny
o̲	ɔ / Ɔ
ṅ / Ṅ	ŋ / Ŋ

D'autres lettres sont également utilisées dans ce nouvel alphabet, telles que : **š** pour le son « ch » qui est de toute façon très rare dans la langue douala, et qui s'écrit simplement **s** ; ou encore **ḿ**, dont l'utilisation n'est pas clairement définie.

Les digrammes

bw	**bwâm**	*bien*
mb-	**mbutu**	*buisson*
mbw-	**mbwaṅ**	*richesse*
mw-	**mwasó**	*fourchette*
nd-	**ndábo**	*maison*
ng-	**ngum**	*puissance*
ngw-	**ngwában**	*goyave*
nk-	**nkéya**	*un légume*
ns-	**nsó̲te̲**	*un médicament*
nt-	**ntŭ**	*gros effort*
pw-	**pwamó**	*insolence*

Les différents tons

Il y a 5 principaux tons, très importants pour la prononciation. Ils se mettent sur les voyelles.

/ ´ /	á é é̲ í ó ó̲ ú	ton haut
/ ¯ /	ā ē ē̲ ī ō ō̲ ū	ton moyen
/ ˆ /	â ê ê̲ î ô ô̲ û	ton tombant
/ ˇ/	ǎ ě ě̲ ǐ ǒ ǒ̲ ǔ	ton ascendant : le ton descend puis monte
/…/	a e e̲ i o o̲ u	le ton bas n'est marqué par aucun accent

On a également deux autres tons : le ton prolongé et le ton descendant.

La maîtrise de ces tons est indispensable pour une prononciation correcte, car une erreur de ton peut changer le mot. On distingue par exemple les synonymes grâce aux tons :

bia	*suivre*	**bía**	*savoir*
bo̲ngó̲	*cerveau*	**bó̲ngó̲**	*peur*
bwanga	*remède*	**bwangá**	*poitrine*
diba	*boucler*	**dibâ**	*mariage*
mbango	*ivoire*	**mbangó**	*couture*
múna	*enfant*	**mǔná**	*fardeau*
musimá	*chance*	**musíma**	*caniveau*
mutudú	*rigide*	**mutúdū**	*aîné*
son	*peu*	**sôn**	*s'il te/ vous plait*
po̲	*venir*	**pô̲**	*machette*
pula	*creuser*	**púla**	*vouloir*
to̲ndo̲	*augmenter*	**tó̲ndo̲**	*aimer*
tóngó	*coin*	**tongo**	*rivière*
wuta	*cacher*	**wúta**	*ouvrir*

mbá : *moi* **mba** : *brouillard* **mbǎ** : *igname*
mɓá : *rhume*

mudi : *orage* **mǔdi :** *souffle* **mudî** : *esprit*
ndóngo : *coépouse* **ndongó** : *un peu* **ndóngó** : *piment*

Les pronoms personnels

na : *je*	**mbá** : *moi*
o : *tu*	**oá** : *toi*
a : *il, elle*	**mó** : *lui, elle*
di : *nous*	**bisó** : *nous*
lo : *vous*	**biñó** : *vous*
bá : *ils, elles*	**babó** : *eux, elles*

À la troisième personne du singulier, lorsqu'il s'agit d'une chose, on utilise le pronom impersonnel **e**. Quant au pronom *on*, on utilise le **bá**, troisième personne du pluriel.

Les classes nominales et le pluriel

Il y a 7 classes nominales, qu'on distingue par les préfixes des mots. Pour former le pluriel, on change le préfixe.

- **Classe 1 :** les mots en **mo/mu/mw**, qui prennent un **ba/b.**

singulier	pluriel	traduction
momé	**bomé**	*homme(s)*
moto	**bato**	*homme(s)*
muboledi	**baboledi**	*travailleur(s)*
mudíedi	**badíedi**	*guide(s)*
mudun	**badun**	*vieillard(s)*
muláló	**baláló**	*cousin(s)*
muléedi	**baléedi**	*maître(s)*
múna	**bána**	*enfant(s)*
mutátedi	**batátedi**	*berger(s), pasteur(s)*
muútu	**baútu**	*élève(s)*
mwanedi	**banedi**	*chef(s)*
mwen	**ben**	*hôte(s)*
mwíbedi	**bíbedi**	*voleur(s)*

Dans certains cas, le **ba** se rajoute directement au singulier du nom, lorsque celui-ci n'a pas de préfixe :

íyo	**baíyo**	*mère(s)*

ndóme	**bandóme**	*frère(s), sœur(s)*
ñangó	**bañangó**	*mère(s), dame(s)*
sángó	**basángó**	*père(s), monsieur, messieurs*
teté	**bateté**	*père(s)*

Cette classe concerne surtout tout ce qui est relatif aux personnes, aux peuples. Selon le pluriel employé, la signification peut changer :

classe 1	**mukálá**	**bakálá**	*homme(s) blanc(s)*
classe 2	**mukálá**	**mikálá**	*patte(s) d'oiseaux*

♠ **Classe 2** : les mots en **mo/mo/mu/mw,** qui prennent un **mi/my.**

singulier	pluriel	traduction
módi	**myódi**	*femelle(s), lune(s), mois*
monjo	**myonjo**	*assiette(s)*
mondó	**myondó**	*miôndô(s)*
múdongi	**mídongi**	*mouton(s)*
mudumbu	**midumbu**	*bouche(s)*
mukuta	**mikuta**	*sac(s)*
mutila	**mitila**	*écrit(s)*
muléma	**miléma**	*cœur(s)*
mulópō	**milópō**	*tête(s)*
musinga	**misinga**	*fil(s)*
musúsedi	**misúsedi**	*prix*
mutóa	**mitóa**	*voiture(s)*
mwasá	**myasá**	*corde(s)*
mwendé	**myendé**	*pied(s)*
mwelé	**myelé**	*plantain(s)*
mwěñ	**myěñ**	*œuf(s)*

On peut rajouter le **mi** directement au nom :

mbú	**mimbú**	*année(s)*
njân	**minjân**	*occupant(s), immigré(s)*

♠ **Classe 3** : les mots en **di/j/l**, qui prennent un **ma/m.**

singulier	pluriel	traduction
diá	**maá**	*main(s)*
dibâ	**mabâ**	*mariage(s)*
dibadi	**mabadi**	*foie(s)*
dibómbá	**mabómbá**	*paquet(s)*
dikakí	**makakí**	*délai(s)*
dikó̲m	**makó̲m**	*ami(s)*
dipitá	**mapitá**	*espoir(s)*
dipupulan	**mapupulan**	*aile(s)*
diwe̲ndi	**mawe̲ndi**	*couteau(x)*
diwusé̲	**mawusé̲**	*faute(s)*
dína	**mína**	*nom(s)*
díso̲	**míso̲**	*œil/ yeux*
jabea	**mabea**	*cadeau(x)*
jándá	**mándá**	*signification(s)*
je̲né̲	**me̲né̲**	*miroir(s)*
jo̲mbe̲	**mo̲mbe̲**	*porte(s)*
jo̲nge̲le̲	**mo̲nge̲le̲**	*pensée(s)*
jongise̲	**mongise̲**	*salut(s)*
lambo	**mambo**	*chose(s)*
lámba	**mámba**	*mangrove(s)*

On peut rajouter directement le **ma** au nom :

singulier	pluriel	traduction
dá	**madá**	*nourriture(s)*
dále	**madále**	*pierre(s)*
duta	**maduta**	*photo(s), dessin(s)*
láma	**maláma**	*joue(s)*
lámbí	**malámbí**	*piège(s)*
léta	**maléta**	*lettre(s)*
longé̲	**malongé̲**	*vie(s)*
mbóa	**mambóa**	*patrie(s)*
no̲ngo̲	**mano̲ngo̲**	*lit(s)*
sû	**masû**	*fin(s)*
songá	**masongá**	*dent(s)*
tói	**matói**	*oreille(s)*

Les liquides étant indénombrables, leurs noms sont toujours au pluriel :

mabombó	*morve*	**mayiba**	*rosée*
madíbá	*eau*	**mayǎ**	*sang*
malódi	*salive*	**miléngi**	*bave, muscosité*
mao	*vin de palme*	**mísanji**	*urine*
mañéngú	*jus de viande*	**mísodi**	*larmes*
matotoló	*sève*		

♦ **Classe 4 :** les mots en **e/ey**, qui prennent **be/by**.

singulier	pluriel	traduction
ebokí	**bebokí**	*mortier(s)*
eboló	**beboló**	*travail (-aux)*
ekwa	**bekwa**	*porte-flèche(s)*
ekabuma	**bekabuma**	*méduse(s)*
elímbí	**belímbí**	*caisse(s)*
epósí	**bepósí**	*bouteille(s)*
esombé	**bésombé**	*jeune(s)*
etámbí	**betámbí**	*chaussure(s)*
ewá	**bewá**	*récipient(s)*
ewesé	**bewesé**	*os*
ewudú	**bewudú**	*herbe(s)*
eyala	**byala**	*parole(s), mot(s), verbe(s)*
eyadí	**byadí**	*feuilles*
eyáñá	**byáñá**	*écaille(s)*
eyei	**byei**	*fer(s)*
eyěmbé	**byěmbé**	*bête(s)*
eyenge	**byenge**	*palme(s)*
eyobo	**byobo**	*peau(x), écorce(s)*
eyongúlédi	**byongúlédi**	*caméléon(s)*

Pour des raisons de prononciation, il arrive qu'on n'enlève pas le **e**. Exemple : le pluriel de **eyáṅ**, *désert*, est **beyáṅ**, et non **byáṅ** ; le pluriel de **eyidi**, *brousse*, est **beyidi**, et non **byidi** ; le pluriel de **eyum**, *patriarche*, est **beyum**, et non **byum**.

♦ **Classe 5 :** les mots en **i** qui prennent **lo**. Il peut aussi y avoir des mots en **y/w**, qui prennent un **l.**

singulier	pluriel	traduction
ibôn	**lobôn**	*balle(s), cartouche(s)*
idiba	**lodiba**	*matin(s)*
idun	**lodun**	*million(s)*
idubwan	**lodubwan**	*clés*
ikwalé	**lokwalé**	*perdrix*
inon	**lonon**	*oiseaux*
isesé	**losesé**	*sifflet(s)*
isédu	**losédu**	*lièvres*
itoko	**lotoko**	*serin(s)*
itúmbu	**lotúmbu**	*canne(s)*
yondó	**londó**	*bague(s)*
yungu	**lungu**	*moustique(s)*
wóngó	**lóngó**	*marmite(s)*

♦ **Classe 6 :** les mots en **bo/bu/bw**, qui prennent **mi/my**.

singulier	pluriel	traduction
bobé	**myobé**	*mal (-aux), péché(s)*
bobíá	**mibíá**	*annonce(s), savoir(s)*
bolóngi	**milóngi**	*maison(s)*
bonam	**minam**	*bénédiction (s)*
bosíngá	**misíngá**	*haine(s)*
bosó	**myosó**	*face(s), visage(s)*
bólo	**myólo**	*pirogue(s)*
bulú	**myulú**	*nuit(s)*
búñá	**míñá**	*jour(s)*
bwabá	**myabá**	*longueur(s)*
bwâm	**myâm**	*bien(s)*
bwambo	**myambo**	*langue(s)*
bwanga	**myanga**	*médicament(s)*
bwelé	**myelé**	*arbre(s)*

♦ **Classe 7 :** ce sont les mots invariables, qui en général commencent par les digrammes (**nj/ nk / ng/ mb/ñ**...), ou autre lettre, et les mots d'emprunt.

kálati	*livre(s)*	**njaso**	*ciseaux*
kéma	*singe (s)*	**ñama**	*viande(s)*
kondá	*chaise(s)*	**ñungá**	*commerce(s)*
mbále̱	*vérité(s)*	**ñó̱ngí**	*envie(s)*
mbakó	*résultat(s)*	**ño̱ṅo̱n**	*génération(s)*
mbúsa	*derrière(s)*	**pô̱**	*machette(s)*
mbwaṅ	*richesse(s)*	**púe**	*souris*
ndongámé̱n	*rencontre(s)*	**súe**	*poisson(s)*
ndóngó	*piment(s)*	**tô**	*cuillère(s)*
ngwában	*goyave (s)*	**túé**	*pauvreté(s)*
njangí	*collecte(s)*	**wúdu**	*tortue(s)*

Tableau récapitulatif des préfixes et exemples

(1 s : *classe 1 singulier*, 1 p : *classe 1 pluriel*)

Les préfixes verbaux accompagnent les verbes lorsqu'ils sont conjugués, en fonction de la classe nominale du nom qui leur est sujet ou attribut.

	nominaux		verbaux	
Classe	Consonne	Voyelle	Consonne	Voyelle
1 s	mu- /mo-	mw-/ m-	a	ñ-
1 p	ba	b-	bá	b-
2 s	mu-	mw-/m-	mú	mw-
2 p	mi-	my	mí	m-/my-
3 s	di/l-	d-/j-	dí	l-
3 p	ma	m-	má	m-/my-
4 s	e-	e-/ey-	e	y-
4 p	be-	b-/by-	bé	b-
5 s	i-	y-	í	y-
5 p	lo-	l-	ló	l-
6 s	bo-	bw-/b-	bó	bw-
6 p	mi-	my-	mí	m-
7 s	-	-	e	ñ-
7 p	-	-	í	y-

Classe 1 :

1 s : **múna a do̱lí** : l’enfant est beau.
- **moto ñāndí wánga** : celui qui a acheté du sel.

1 p : **bato bá wálámе̱ne̱** : les gens sont pressés.
- **bíto b’émédí** : les femmes qui ont accepté.

Classe 2 :

2 s : **mukuta mú kolo** : le sac est grand.
- **mudóngó mú / mwasáme̱** : la montagne est élevée.

2 p : **mitoa m’alo** : les voitures sont parties.
- **misimá mí po̱i** : les chances sont venues.

Classe 3 :

3 s : **jo̱mbe̱ dí téláme̱** : la porte est ouverte.
- **dále l’émbáme̱** : la pierre est dure.

3 p : **mambo m’āmbí** : les choses sont graves.
- **mabóa má bo̱i** : les maladies sont finies.

Classe 4 :

4 s : **epósí é bwédi** : la bouteille s’est cassée.
- **esánjá yāndábe̱** : le panier a été acheté.

4 p : **bema bé túkwábe̱** : les choses ont été changées.
- **bewudú b’ ánji** : les herbes sont sèches.

Classe 5 :

5 s : **ino̱n í salô** : l’oiseau est petit.
- **yo̱ndó y’ ándábe̱** : la bague a été achetée.

5 p : **lodubwan ló pimbédi** : les clés sont perdues.
- **losé̱du l’ōndédi** : les lièvres sont montés.

Classe 6 :

6 s : **bulú bó wíndi** : la nuit est tombée.
- **bopumá bw’ ándábe̱** : l’oranger a été acheté.

6 p : **myo̱njo̱ m’ ōwabe̱** : les assiettes ont été lavées.
- **milóngi mí ma paña** : les maisons brillent.

Classe 7:

7 s : **ñama e ma de̱kwe̱** : l’animal s’enfuit.

7 s : **mbódi ño̱sédi** : la chèvre a toussé.

7p : **ñama í ma de̱kwe̱** : les animaux s’enfuient.

7p : **mbódi yo̱sédi** : les chèvres ont toussé.

Les nombres

0	**to̲ lambo**	60	**múmutóbá**
demi	**epasi**	70	**músǎmbá**
1	**ewó̲**	80	**múlo̲mbi**
2	**bébǎ**	90	**múdibuá**
3	**bélálo**	100	**ebwéa**
4	**béne̲i**	101	**ebwéa n'ewó̲**
5	**bétánu**	150	**ebwéa na mwatánu**
6	**mutóbá**	200	**bebwéa bébǎ**
7	**sǎmbá**	300	**bebwéa bélálo**
8	**lo̲mbi**	400	**bebwéa béne̲i**
9	**dibuá**	500	**bebwéa bétánu**
10	**dôm**	600	**bebwéa mutóbá**
11	**dôm n'ewó̲**	1000	**ikólí / ekódí**
12	**dôm na bébǎ**	2000	**lokólí lóbǎ**
13	**dôm na belálo**	3000	**lokólí lólálo**
20	**mwábǎ**	4000	**lokólí lóne̲i**
21	**mwábǎ n'ewó̲**	5000	**lokólí lótánu**
22	**mwábǎ na bébǎ**	6000	**lokólí mutóbá**
30	**mwalálo**	7000	**lokólí sǎmbá**
40	**mwáne̲i**	8000	**lokólí lo̲mbi**
50	**mwatánu**	9000	**lokólí dibuá**

10.000	**dóm lá lokólí**
20.000	**mwábǎ mwá lokólí**
100.000	**ebwéa' lokóli**
200.000	**bebwéa bá lokólí bébǎ**
300.000	**bebwéa bá lokólí bélálo**
1.000.000	**idun (íwó̲)**
2.000.000	**lodun lóbǎ**
3.000.000	**lodun lólálo**
10.000.000	**dôm lá lodun**
20.000.000	**mwábǎ mwá lodun**
1.000.000.000	**mwǎ (mō̲)**
2.000.000.000	**myǎ míbǎ**
3.000.000.000	**myǎ mílálo**
4.000.000.000	**myǎ míne̲i**
5.000.000.000	**myǎ mítánu**

Les nombres s'accordent selon la classe nominale, notamment les cinq premiers nombres, puisqu'ils ont des préfixes. Pour le chiffre 5 par exemple, on aura à la fois : **bátánu, bétánu, ítánu, lótánu, mátánu, mítánu,** en fonction de la classe du nom. Le nombre se place après le nom, mais à partir de 10, il se place avant. Par exemple :

1- mulǿngedi mǒ̱ (mo̱wǿ) : *un chanteur,* **balǿngedi bábǎ :** *deux chanteurs*, **dóm lá balǿngedi :** *dix chanteurs.*
2- muso̱ngí mǒ̱ (mo̱wǿ) : *un calcul*, **miso̱ngí míbǎ :** *deux calculs*, **dóm lá miso̱ngí na míbǎ :** *douze calculs. /10 calculs et 2/*
3- dibato diwǿ : *un pagne*, **mabato mábǎ :** *deux pagnes*, **dóm lá mabato na mátánu :** *quinze pagnes /10 pagnes et 5/*
4- ekombo ewǿ : *un pays*, **bekombo bébǎ :** *deux pays*, **dóm lá bekombo na bélálo :** *treize pays /10 pays et 3/*
5 - ino̱n iwǿ : *un oiseau*, **lono̱n lóbǎ :** *deux oiseaux*, **dóm lá lono̱n na lóne̱i :** *quatorze oiseaux. /10 oiseaux et 4/*
6 - búñá bǒ̱ (bo̱wǿ) : *un jour*, **míñá míbǎ :** *deux jours*, **dóm lá míñá na mutóbá :** *seize jours /10 jours et 6/*
7- wúdu pǿ : *une tortue*, **wúdu íbǎ :** *deux tortues*, **dóm lá wúdu na dibuá :** *dix-neuf tortues /10 tortues et 9/*

Les nombres ordinaux

On les forme en faisant précéder le nombre par **nú lóndé̱**, qui signifie littéralement *qui remplit* ou *qui occupe* (sous-entendu la n-ième place). Et pour le pluriel, on utilise **bá**. Le premier correspond à *celui qui est devant.* Encore une fois, on tient compte de la classe nominale. Par exemple pour la classe 1 :

ña bosó	*le premier*
bá bosó	*les premiers*
nú lóndé̱ bábǎ	*le deuxième*
bá lóndé̱ bábǎ	*les deuxièmes*
nú lóndé̱ bálálo	*le troisième*
nú lóndé̱ báne̱i	*le quatrième*
nú súkán	*le dernier*
bá súkán	*les derniers*

bá bosó ndé bá má sé̲lě̲ kasabě̲ : *les premiers sont reçus avant.*
to̲ti di lóndé̲ ílálo dí m'ombwéá ndé misáwedi : *le troisième point concerne les salaires*
bána bá ale ó muló̲ṅ mú lóndé̲ dôm na míbă : *que les enfants aillent au douzième rang*
biñó̲ no̲ngó̲ ndé lodubwan ló lóndé̲ lótánu : *prenez les cinquièmes clés*

- Pour les pourcentages, comme pour les fractions, on dit la partie sur le total.

mwalálo ó ebwéa	*trente pour cent*
sămbá ó dôm	*sept sur dix*

- Pour le distributif, on repète le nombre deux fois. Exemple :
kómbé̲ betámbí bébă bébă : *garde les chaussures deux par deux*

- Pour dire *environ*, on dit **lambo ka**, *quelque chose comme.* Exemple :
lambo ka dóm lá bato, *environ dix personnes.*
lambo ka milongá mítánu, *environ cinq seaux.*

- Pour le nombre de fois, on utilise le mot **ngedi**, *la fois.*

une fois	**ngedi pó̲**
deux fois	**ngedi íbă**
treize fois	**dóm lá ngedi na ílálo**
vingt fois	**mwábă mwá ngedi**
cent fois	**ebwéa' ngedi**

Les unités de mesure

Pour mesurer, on compare les longueurs, les poids, les capacités, etc.

me̲ne̲	*mesurer, comparer*
dime̲ne̲	*la mesure, le poids, la comparaison*
eme̲ne̲n	*la balance, la mesure*

- Mesures de longueur

bwangá : équivalent à peu près à la brasse (valant 1,83 m) ou à la toise (valant 1,949 m), ancienne mesure française de longueur
dibóngó : la coudée, environ 50 cm.
mbengilan : environ deux yards (valant 0,914 m), mesure de longueur anglo-saxonne
nganda : ancienne mesure
ngand´a diá : espace formé par l´index et le médius
esúngu : valant environ 2 m.
mutumbá : valant 4 à 6 **besúngu**, soit 8 à 16 m
eboa : bambou avec 2 ou 3 trous, servant de mesure pour la longueur des nattes
jongea lá ngonjá : mesure pour la longueur des nattes
núme lá ngonjá : autre mesure pour la longueur des nattes

- Mesures de poids

njalé : mesure de poids correspondant à l´enclume
yóm' á po̱so̱ : mesure de valeur pour l´achat de marchandises

- Mesures de capacité

dikao : ancienne mesure de capacité pour l´huile de palme
esóngó : une feuille roulée en forme d'entonnoir
esóngó a diá : une mesure (ce qu'on peut tenir au bout des cinq doigts
esukú : mesure de capacité équivalant à la moitié d'un récipient
etólóki : ancienne mesure de capacité, valant 2 mbom
keki : mesure de capacité, valant environ une caisse de pétrole d'autrefois, de **keg**, *tonnelet* en anglais
kudukenge : mesure d'huile valant environ 2 à 3 litres
mbom : une mesure de capacité
lónde̱ mbom : *remplir la mesure*
mukuta : le sac, pour mesurer les palmistes.
nkulan : une ancienne mesure de liquide valant environ 18 litres
njusú : une mesure de capacité (récipient)
njusú lá múla : une mesure d'huile

Les adjectifs possessifs

On doit tenir compte de la classe nominale du nom, voici un tableau récapitulatif :

	mon/ma	ton/ta	son/sa	notre	votre	leur
1 s	âm	ángō̲	áō	ásū	áñū	ábū
1 p	bâm	bó̲ngō̲	báō	básū	báñū	bábū
2 s	mwâm	mó̲ngō̲	mwáō	mwásū	mwáñū	mwábū
2 p	mâm	mó̲ngō̲	máō	másū	máñū	mábū
3 s	lâm	lóngō̲	láō	lásū	láñū	lábū
3 p	mâm	mó̲ngō̲	máō	másū	máñū	mábū
4 s	âm	ángō̲	áō	ásū	áñū	ábū
4 p	bâm	bó̲ngō̲	báō	básū	báñū	bábū
5 s	âm	ángō̲	áō	ásū	áñū	ábū
5 p	lâm	ló̲ngō̲	láō	lásū	láñū	lábū
6 s	bwâm	bó̲ngō̲	bwáō	bwásū	bwáñū	bwábū
6 p	mâm	mó̲ngō̲	máō	másū	máñū	mábū
7 s	âm	ángō̲	áō	ásū	áñū	ábū
7p	yâm	yángō̲	yáō	yásū	yáñū	yábū

Exemples :

1 - **mún'âm** : *mon enfant,* **mún' ángō̲** : *ton enfant,* **mún' áō** : *son enfant,* **mún' ásū** : *notre enfant,* **mún' áñū** : *votre enfant,* **mún' ábū** : *leur enfant.*
* **báná bâm** : *mes enfants,* **báná bó̲ngō̲** : *tes enfants,* **báná báō** : *ses enfants,* **báná básū** : *nos enfants,* **báná báñū** : *vos enfants,* **báná bábū** : *leurs enfants.*

2 - **mukuta mwâm :** *mon sac,* **mukuta mó̲ngō̲ :** *ton sac*
* **mikuta mam** : *mes sacs,* **mikuta mó̲ngō̲** : *tes sacs*

3 - **díná lâm** : *mon nom,* **díná láō** : *son nom,*
* **míná mâm** : *mes noms,* **míná máō** : *ses noms*

4 - **ekót'âm** : *mon chapeau,* **ekót'ásū** : *notre chapeau*
* **bekótó bâm** : *mes chapeaux,* **bekótó básū** : *nos chapeaux*

5 - **idubwan'âm** : *ma clé,* **idubwan'áñū** : *votre clé*
* **lodubwan lâm** : *mes clés,* **lodubwan láñū** : *vos clés*

6 - **bosó bwâm** : *mon visage,* **bosó bwábū** : *leur visage*
* **myosó mâm** : *mes visages,* **myosó mábū** : *leurs visages*

7 - **kalat'âm** : *mon livre,* **kalati yâm** : *mes livres*

Les pronoms possessifs

On doit également tenir compte de la classe nominale du nom, voici le tableau récapitulatif des pronoms possessifs :

	le mien	**le tien**	**le sien**	**le nôtre**	**le vôtre**	**le leur**
1 s	ñâm	ñó̱ngō̱	ñáō	ñásū	ñáñū	ñábū
1 p	bâm	bó̱ngō̱	báō	básū	báñū	bábū
2 s	mwâm	mó̱ngō̱	máō	másū	máñū	mábū
2 p	mâm	mó̱ngō̱	máō	másū	máñū	mábū
3 s	lâm	ló̱ngō̱	láō	lásū	láñū	lábū
3 p	mâm	mó̱ngō̱	máō	másū	máñū	mábū
4 s	âm	ángō̱	áō	ásū	áñū	ábū
4 p	bâm	bó̱ngō̱	báō	básū	básū	bábū
5 s	âm	ángō̱	áō	ásū	áñū	ábū
5 p	lam	ló̱ngō̱	láō	lásū	láñū	lábū
6 s	bâm	bó̱ngō̱	báō	básū	báñū	bábū
6 p	mâm	mó̱ngō̱	máō	másū	máñū	mábū
7 s	âm	ángō̱	áō	ásū	áñū	ábū
7p	yâm	yángō̱	yáō	yásū	yáñū	yábū

Le génitif

On doit encore tenir compte de la classe :
1 - **musínged'a bato** : *l'ennemi des hommes*
bána bá Ndumbê̱ : *les enfants de Ndoumbè*

2 - **mulópō mwá wúba** : *la tête de la poule*
myendé má ñaka : *les pattes du bœuf*

3 - **jo̱mbe̱ lá ndábo** : *la porte de la maison*
maduta má yeye̱ : *les photos de la mère*

4 - **epós'á Mó̱le̱** : *la bouteille de Môlè*
belímbí bá mot'a ñunga : *les caisses du vendeur*

5 - **ibó̱n'á mot'a jangó** : *la balle du chasseur*
lono̱n lá pa'mbámbé̱ : *les oiseaux de grand-père*

6 - **bó̱ló̱ bwá Kúó̱** : *la pirogue de Kouoh*
myelé má Eyabe̱ : *les arbres d'Eyabè*

7 - **wáng'á bíto** : *le sel des femmes*

Les démonstratifs

Le **n** est rajouté aux adjectifs démonstratifs lorsque l'élément désigné est proche de soi. Voici le tableau récapitulatif en fonction des classes nominales.

	ce, cette, ces		celui/ceux là, l'autre(s)	celui /ceux qui
1 s	nû	nûn	núné	ñéná nú
1 p	bâ	bân	báné	béná bá
2 s	mû	mûn	múné	mwéná mú
2 p	mî	mîn	míné	myéná mí
3 s	dî	dîn	díné	léná dí
3 p	mâ	mân	máné	méná má
4 s	yê	yên	yéné	yéná é
4 p	bê	bên	béné	béná bé
5 s	yî	yîn	yíné	yéná í
5 p	lô	lôn	lóné	l(ó)éna ló
6 s	bô	bôn	bóné	bwéna bó
6 p	mî	mîn	míné	m(y)éná mí
7 s	nî	nîn	níné	ñéná ní
7 p	yî	yîn	yíné	yéná í

Exemples :

1 - **nú mubóedi** : *ce malade (là),* **nûn mubóedi** : *ce malade (ci) ;* **núné moto** : *l'autre personne, celui-là*

2 - **mí misinga** : *ces fils (là),* **mîn misinga** : *ces fils (ci) ;* **múné mudio :** *l'autre fois*

3 - **dí díso** : *cet œil (là),* **dîn díso** : *cet œil (ci) ;* **máné mambo** : *les autres choses*

4 - **bé besáó** : *ces plumes (là),* **bên besáó** *: ces plumes (ci) ;* **yéné epasi = yén'épasi** : *l'autre côté*

5 - **y'ídiba = yí idiba** : *ce matin (là),* **yîn idiba** : *ce matin (ci) ;* **lóné losesé** : *les autres flûtes*

6 - **bó búñá** : *ce jour (là),* **bôn búñá** : *ce jour (ci), aujourd'hui même ;* **bóné bólo** : *l'autre pirogue*

7 - **ní púe** : *cette souris (là),* **nîn púe** : *cette souris (ci) ;* **níné kondá** : *l'autre chaise*, **yíné kondá** : *les autres chaises*

Adverbes et onomatopées

Il y a énormément d'onomatopées, on les fait précéder de la préposition **ná**, *que*, et elles peuvent ainsi servir d'adverbes, ou d'expressions désignant la manière d'agir.

onomatopées	**bruit exprimé**
ná bálás	*bouchon à pression que l'on ferme*
ná bwái	*quelque chose qui se casse ou une gifle*
ná bwarap	*claquement de la porte*
ná cacaca	*rire aux éclats*
ná fíofío	*cri de poussins*
ná gritigriti	*objet passé au grattoir*
ná hápápá	*pluie de cordes*
ná hólóló	*cri de la foule*
ná kwáṅkwáṅ	*coup de marteau*
ná ṅē	*cri d'un nouveau né*
ná papapa	*eau qui coule sur des feuilles*
ná posom	*plongeon dans l'eau*
ná pyót	*bruit de crachat en signe de mépris*
ná sekuseku	*sanglots*
ná sosesose	*éléphant qui piétine les champs*
ná swán	*coup de fouet*
ná waswas	*rapide coup de pagaie dans l'eau*

- les adverbes

ná bam	*totalement*	**ná paa**	*ça et là*
ná bô	*beaucoup*	**ná péñ**	*proprement*
ná botiboti	*facilement*	**ná pélepéle**	*rapidement*
ná bóibói	*solidement*	**ná pém**	*promptement*
ná bwé	*franchement*	**ná pī**	*calmement*
ná cô	*fermement*	**ná pwe**	*brusquement*
ná kéngéngé	*clairement*	**ná teítei**	*exactement*
ná kétíkétí	*sèchement*	**ná yō**	*doucement, lentement*
ná moñmoñ	*doucement*	**ná wélétété**	*proprement*

Il y a d'autres formes d'adverbes, sans le **ná**; **jíta** : *beaucoup*, **na mbale** : *vraiment*, *avec vérité*, **dikoké dikobé** : *sans faute*, *certainement*, **tóbótóbó** : *particulièrement*. Il y a également des adverbes qui sont accordés avec la classe nominale, par exemple :

tout (-**é̲sē̲**) et *autre* (-**pé̲pē̲**), en résumé :

classes	autre	tout(s)/ tous(tes)
1 s	núpé̲pē̲	ñé̲sē̲
1 p	bápé̲pē̲	bé̲sē̲
2 s	múpé̲pē̲	mwé̲sē̲
2 p	mípé̲pē̲	myé̲sē̲/ mé̲sē̲
3 s	dípé̲pē̲	lé̲sē̲
3 p	mápé̲pē̲	mé̲sē̲
4 s	épé̲pē̲	yé̲sē̲
4 p	bépé̲pē̲	bé̲sē̲
5 s	ípé̲pē̲	yé̲sē̲
5 p	lópé̲pē̲	lé̲sē̲
6 s	bópé̲pē̲	bwé̲sē̲
6 p	mípé̲pē̲	myé̲sē̲/ mé̲sē̲
7 s	nípé̲pē̲	ñé̲sē̲
7 p	ípé̲pē̲	yé̲sē̲

Exemple :
bato bé̲sē̲ : *tout le monde (toutes les personnes)*
búñá bwé̲sē̲ : *toute la journée*
wúma yé̲sē̲ : *partout (dans tous les lieux)*
lambo dípé̲pē̲ : *une autre chose*
epólo épé̲pē̲ : *un autre endroit*

Les adjectifs qualificatifs

Les adjectifs s'accordent selon la classe nominale :

-ndé̲ne̲ : *grand*
moto núndé̲ne̲ : *une grande personne*
bosó bóndé̲ne̲ : *un grand visage*
masongá mándé̲ne̲ : *de grandes dents*
wúma índé̲ne̲ : *un grand lieu*

-sadi : *petit*
muna núsadi : *un petit enfant*
muní músadi : *un petit doigt*
diwíndí dísadi : *un petit nuage*
lo̲ndó̲ lósadi : *de petits anneaux*

Des verbes peuvent aussi être utilisés comme adjectifs qualificatifs, notamment ceux qui décrivent un état, on les conjugue donc au passé composé. Par exemple :

do̱lo̱ : *être beau*, **dína lâm dí do̱lí** : *mon nom est beau.*
kola : *être grand*, **míso̱ máō má kolô** : *ses yeux sont grands.*

Les verbes

Les groupes de verbes

Il existe trois grands groupes de verbes, et deux sous-groupes, appartenant au deuxième groupe. On distingue ces groupes par les terminaisons verbales.

- 1er groupe : en e̱.

álabe̱	*répondre*	**lakise̱**	*pardonner*
andise̱	*vendre*	**lée̱**	*montrer*
ásumwe̱	*quitter*	**lónde̱**	*remplir*
bále̱	*prêter*	**me̱ne̱**	*mesurer*
bambe̱	*porter*	**mo̱te̱le̱**	*allumer*
báise̱	*demander*	**namise̱**	*bénir*
béle̱	*appeler*	**níme̱le̱**	*pousser*
boṅsane̱	*(s') aprêter*	**niye̱**	*plier*
bupe̱	*suivre*	**ne̱nge̱**	*garder*
búsise̱	*faire sortir*	**ñó̱ye̱**	*nager*
bó̱le̱	*finir*	**óngwane̱**	*aider*
de̱kwe̱	*(s'en) fuir*	**ó̱ke̱le̱**	*se laver*
dube̱	*croire*	**pe̱pe̱**	*ventiller*
de̱	*planter*	**sábangane̱**	*entretenir*
díe̱le̱	*diriger*	**so̱nge̱le̱**	*compter*
ese̱le̱	*laisser*	**té̱se̱**	*poser*
enge̱le̱	*attendre*	**wámise̱**	*se dépêcher*
é̱ne̱	*voir*	**wé̱le̱**	*mettre*
íngise̱	*introduire*	**wûmse̱**	*se reposer*
ke̱	*couper*	**yábe̱**	*naître*

- 2ème groupe : en **a**.

ana	*lutter*	**keka**	*essayer*
anda	*acheter*	**kóma**	*verser*
ánga	*faire frire*	**kusa**	*obtenir*
bánga	*refuser*	**kwála**	*dire*
bola	*faire, donner*	**lánga**	*lire*
bía	*savoir*	**linga**	*se fâcher*
búka	*dépasser*	**lónga**	*construire*
búsa	*sortir*	**lóta**	*songer*
cóma	*délaisser*	**numba**	*sentir (odeur)*
da	*manger*	**ña**	*courir*
díma	*s'éteindre*	**oka**	*jouer*
dila	*être lourd*	**paña**	*briller*
dípa	*frapper*	**senga**	*entendre, sentir*
dóma	*fendre, aboyer*	**siba**	*déscendre*
duta	*dessiner*	**taka**	*souffrir*
dumba	*piller*	**tómba**	*passer*
emba	*reconnaître*	**umba**	*frapper*
eya	*pleurer*	**weka**	*créer*
ja	*rester, habiter*	**wuta**	*cacher*
kasa	*accueilir*	**yénga**	*se promener*

- 1er sous-groupe : en **ea**.

abea	*offrir*	**íngea**	*entrer*
álea	*posséder*	**kómea**	*se verser*
bátea	*ajouter à qlq*	**lángwea**	*dire à qlq.*
bolea	*servir qlq*	**ondea**	*monter*
botea	*commencer*	**ósea**	*tousser*
bwéa	*se casser*	**pimbea**	*s'égarer*
damea	*attraper*	**sísea**	*s'approcher*
dímbea	*oublier*	**súlea**	*ruisseler*
dutea	*réfléchir*	**tilea**	*écrire à*
indea	*tarder*	**wánea**	*apporter à qlq.*

- 2ème sous-groupe : en **wa**.

angwa *lancer*
bewa *roter*
bóngwa *élever*
bwa *tuer*
dangwa *marcher*
dubwa *déraciner*
kukwa *mordre*
lángwa *dire*
myakwa *mâcher*
ñámwa *fondre*
ñawa *déchirer*
ókwa *apprendre*
ombwa *regarder*
owa *laver*
pawa *désherber*
pumbwa *réssusciter*
pumwa *voler*
sáwa *payer*
tongwa *se developper*
túkwa *changer*

- 3ème groupe : en **o**.

bô *finir*
bobo *se ramollir*
bóto *porter*
dolo *être beau*
dómo *cogner*
kó *tomber*
kó iyó *dormir*
koko *piler*
koto *racheter*
lo *couler*
loko *calmer*
lóndo *séduire*
lóngo *chanter*
moto *appuyer*
nongo *prendre*
ñó *boire*
ñóngo *disparaître, téter*
ñoso *broyer*
óko *oindre*
po *venir, arriver*
pondo *ramasser*
pongo *fabriquer*
poso *choisir*
so *découvrir*
sóko *saoûler*
sólo *entrer*
sopo *se mouiller*
sóso *piétiner*
sonjo *glisser*
to *boullir*
tóndo *aimer*
topo *parler*
wó *mourir*
wolo *être fatigué*
wondo *mentir*
wóngo *être gras*
wóno *ressembler*
yo *rire*
yoko *avoir l'habitude*
yómbo *tourner*

Morphologie verbale et nominale

- Verbes dérivés

On forme des verbes à partir d'autres verbes en remplaçant la terminaison par les suffixes, tels que : **be̱, ea, isane̱, ise̱, me̱, ne̱, ne̱lě̱**. On peut également doubler le radical du verbe, pour accentuer l'action ou signifier que quelque chose est mal fait.

- be̱ : pour former le passif
lángwa : *dire*, **lángwabe̱** : *être dit*
tuta : *nettoyer*, **tutabe̱** : *être nettoyé*
po̱so̱ : *choisir*, **po̱so̱be̱** : *être choisi*

- ea : lorsque l'action est faite à / pour quelqu'un
anda : *acheter*, **andea** : *acheter à quelqu'un*
ló̱ngo̱ : *chanter*, **ló̱ngea** : *chanter pour quelqu'un*
taka : *souffrir*, **takea** : *souffrir pour quelqu'un, plaindre quelqu'un*

- ise̱ : lorsqu'on fait faire l'action
bó̱to̱ : *porter*, **bó̱tise̱** : *faire porter, habiller*
búsa : *sortir*, **búsise̱** : *faire sortir, publier*
koka : *grandir* ; **kokise̱** : *faire grandir, élever*

- me̱ : le verbe devient un verbe d'état ; mais ce n'est pas un passif, car on ne met pas l'accent sur le fait que le sujet ait subi l'action.
kwése̱ : *fermer*, **kwésame̱** : *être fermé*
té̱le̱ : *ouvrir*, **té̱lame̱** : *être ouvert*
túle̱ : *enfler*, **túlame̱** : *être enflé*

kó̱báti e téláme̱ : *l'amoire est ouverte*
kó̱báti e téłábe̱ : *l'amoire a été ouverte*

- ne̱, qui équivaut à **na**, *avec*, lorsque l'action est faite avec quelque chose.
dangwa : *marcher*, **dangwane̱** : *marcher avec*
ja : *rester*, **jane̱** : *rester avec*
siba : *descendre*, **sibane̱** : *descendre avec*

- ně̱ / ne̱lě̱ : lorsqu'il y a réciprocité de l'action.
óngwane̱ : *aider*, **óngwane̱lě̱** : *s'entraider*

tóndo : *aimer*, **tóndonĕ** : *s'aimer mutuellement*
sôṅtane : *comprendre*, **sôṅtanelĕ** : *se comprendre mutuellement*

- isane : contraction de **-ise** et **-ne**, lorsque le sujet a la qualité de faire l'action
linga : *se fâcher, s'énerver*, **lingisane** : *être énervant*
onga : *sauver*, **ongisane** : *être salutaire*
wolo : *être fatigué*, **wolisane** : *être fatigant*

- on peut doubler le radical du verbe, pour signifier que l'action est mal faite, ou qu'il y a exagération
bola : *faire*, **bolabolane** : *faire n'importe quoi*
kê : *couper*, **kĕkene** : *couper n'importe comment*
topo : *parler*, **topotopone** : *dire n'importe quoi*

- Noms à partir de verbes

On forme des noms à partir des verbes, en ajoutant des préfixes (**mu, e, di, j, bo, já, m ,n, i**) et/ou des suffixes (**edi, ako, n, i, o**)., ou en doublant le radical du verbe. On peut aussi faire des substantifs, sans oublier de rajouter un **j** pour les verbes commençant par une voyelle.

- bo + radical + **(o)**
dila : *être lourd*, **bodilo** : *la lourdeur*
duna : *vieillir*, **bodun** : *la vieillesse*
wóno : *ressembler à*, **bowón** : *la ressemblance*

- di/j + radical + **i**
bánga : *refuser*, **dibángí** : *le refus*
óko : *se oindre*, **jókí** : *l'huile*
wóngo : *être gras*, **diwóngí** : *la graisse*

- e + radical + **edi / i**
díele : *diriger*, **edíédí** : *la directive*
kwála : *dire*, **ekwálí** : *le discours, l'affaire*
lóngo : *chanter*, **elóngi** : *la chorale*

- mu + radical + **ako**
lata : *unir*, **mulatáko** : *l'union*
landa : *grimper*, **mulandako** : *le grimpé*

- **mu** + radical + **edi**
bánda : *oppresser*, **mubándedi** : *l'oppresseur*
káise̲ : *juger*, **mukáisedi** : *le juge*
búka : *dépasser*, **mubúkedi** : *le vainqueur*

- **mu/m** + radical + **i /o**
kata: *traverser*, **mukatí** : *la traversée*
púla : *vouloir*, **mpúlí** : *la volonté*
wasa : *chercher*, **muwasó** : *la quête*
sombwa : *pêcher*, **musombó** : *la pêche*

- **já** + verbe
latane̲ : *s'unir avec*, **jálatane̲** : *la communion*
óngwane̲lě̲ : *s'entraider*, **jájóngwane̲lě̲** : *l'entraide*
sángilane̲ : *se réconcilier*, **jásangilane̲** : *la réconciliation*

- doublement du radical du verbe
lóma : *envoyer*, **mulólómá** : *la commission*
ja : *s'asseoir*, **bojǎjǎ** : *assis*
té̲me̲ : *se lever*, **boté̲me̲té̲mé̲** : *debout*

<u>Les auxiliaires</u>

Il y en a principalement deux.

- **bê̲** : *être*
Il sert à conjuguer les verbes à plusieurs temps, en fonction du temps où il est lui-même conjugué.

temps de l'auxiliaire	**exemple**	**temps du verbe**
présent spécifique	n'e	présent continu
imparfait	na tá	imparfait
conditionnel passé II	na tá te̲	conditionnel passé II

- **e̲nde̲** : *aller*
Il est différent du verbe aller **ala**. Il sert à conjuguer les verbes au futur simple :
na ma e̲nde̲ = na m'e̲nde̲ : *je vais* ; d'où le mot **me̲ndé̲** qui précède la base verbale au futur.

Les autres auxiliaires sont : **amba** (*s'aggraver)*, **inda** (*tarder à*), **sé̱le̱** (*d'abord faire*), **timba** (*finir par*), **wusa** (*risquer de*), **yo̱ko̱** (*avoir l'habitude de*).

La conjugaison

La conjugaison est très régulière, le verbe reste identique de la première à la dernière personne. Nous nous contenterons ici de ne donner que la première personne du singulier, pour les exemples.

Les verbes commençant par une voyelle, lorsqu'ils sont précédés par un auxiliaire, une préposition ou un verbe, prennent un **j** comme préfixe.

Le présent

- présent simple :

pronom* + ma + *base verbale

botea	*commencer*	**na ma botea**	*je commence*
duta	*dessiner*	**na ma duta**	*je dessine*
ókwa	*apprendre*	**na m'ókwa**	*j'apprends*
to̱po̱	*parler*	**na ma to̱po̱**	*je parle*
wasa	*chercher*	**na ma wasa**	*je cherche*

Pour le verbe *être*, cette forme du présent simple a une valeur de futur, **na ma be̱** est plutôt synonyme de **na me̱ndé̱ be̱**, le verbe *être* possède une autre forme de présent qui lui est spécifique :

na e = n'e	*je suis*	**di e = je**	*nous sommes*
o e = we	*tu es*	**lo e = l'e**	*vous êtes*
(a) e = e	*il/elle est*	**bá e = b'e**	*ils/elles sont*

- présent continu :

on conjugue le verbe *être* au présent qui lui est spécifique, puis on met la base verbale du verbe à conjuguer, précédée de la préposition **ó**.

pronom* + e + ó + *base verbale

tila : *écrire*, **n'e ó tila :** *je suis en train d'écrire*
dangwa *: marcher,* **n'e ó dangwa :** *je suis en train de marcher*
l<u>ó</u>ng<u>o</u> : *chanter,* **n'e ó l<u>ó</u>ng<u>o</u> :** *je suis en train de chanter*

- présent *« avoir-déjà »* :

On a déjà fait l'action au moment où l'on parle.

pronom* + má + *base verbale

ala : *partir*, **na má ala** : *je suis déjà parti(e)*
bup<u>e</u> : *suivre*, **na má bup<u>e</u>** : *j'ai déjà suivi*
n<u>o</u>ng<u>o</u> : *prendre*, **na má n<u>o</u>ng<u>o</u>** : *j'ai déjà pris*

<u>Le passé composé</u>

La conjugaison dépend du groupe du verbe.

- Pour les verbes en **<u>e</u>** : on modifie le ton.

- verbe à 2 syllabes : le ton final devient tombant.

- verbe à 3 syllabes : la deuxième syllabe a un ton haut, et la dernière un bas.

- verbe à plus de 3 syllabes : la première syllabe reste identique, toutes les syllabes suivantes ont des tons hauts, et la dernière syllabe a un ton bas.

kómb<u>e</u> : *conserver*, **na kómb<u>ê</u>** : *j'ai conservé*
m<u>e</u>n<u>e</u> : *mesurer*, **na m<u>e</u>n<u>ê</u>** : *j'ai mesuré*
d<u>o</u>lis<u>e</u> : *orner*, **na d<u>o</u>lís<u>e</u>** : *j'ai orné*
b<u>ó</u>tis<u>e</u> : *habiller*, **na b<u>ó</u>tís<u>e</u>** : *j'ai habillé*
sábangan<u>e</u> : *entretenir*, **na sábángán<u>e</u>** : *j'ai entretenu*
tilatilan<u>e</u> : *écrire n'importe comment*,
na tilátílán<u>e</u> : *j'ai écrit n'importe comment*

- les verbes en **a** et **<u>o</u>** prennent un **i** lorsque la voyelle de la première syllabe du verbe a un ton haut, ou **í** lorsqu'elle a un ton bas.

***pronom* + *radical* + i / í**

kusa : *obtenir*, **na kusí** : *j'ai obtenu*
lánga : *lire*, **na lángi** : *j'ai lu*
ómbo : *racler*, **n'ómbi** : *j'ai raclé*
topo : *parler*, **na topí** : *j'ai parlé*

Pour les verbes d'une syllabe, on ajoute un **i** à l'infinitif du verbe.

sâ : *danser*, **na sâi** : *j'ai dansé*
ja : *habiter*, *rester*, **na jâi** : *j'ai habité, je suis resté(e)*
po : *venir*, **na poí** : *je suis venu(e)*
so : *trouver*, **na soí** : *j'ai trouvé*

- les verbes en **ea** prennent **édi**

pronom + radical **+ édi**

damea : *attaper*, **na damédi** : *j'ai attrapé*
dutea : *réfléchir*, **na dutédi** : *j'ai réfléchi*
ósea : *tousser*, **n'ósédi** : *j'ai toussé*

- les verbes en **wa** prennent un **ô**

pronom + radical **+ ô**

angwa : *lancer*, **n'angô** : *j'ai lancé*
dangwa : *marcher*, **na dangô** : *j'ai marché*
ñawa : *déchirer*, **na ñawô** : *j'ai déchiré*
sáwa : *payer*, **na sáwô** : *j'ai payé*

Pour le verbe *être*, **na bédi** signifie à la fois *je fus*, *j'ai été*, *j'étais*, mais cette forme n'est pas très usitée. Par contre, la forme négative est beaucoup plus utilisée, notamment pour conjuguer d'autres verbes, et la signification est différente : **na sí bédí…** : *je n'ai pas encore…*

na sí bédí tila : *je n'ai pas encore écrit*
na sí bédí nongo : *je n'ai pas encore pris*
na sí bédí kwála : *je n'ai pas encore dit*
na sí bédí wala : *je ne suis pas encore parti(e)*

L'imparfait

On emploie ici l'auxiliaire *être* mis à l'imparfait : **tá**

pronom* + tá + *pronom (ton haut)* + *base verbale

álea : *tenir*, **na tá n'álea** : *je tenais*
álabé̲ : *répondre*, **na tá n'álabé̲** : *je répondais*
bambe̲ : *porter*, **na tá ná bambe̲** : *je portais*
bangwa : *coudre*, **na tá ná bangwa** : *je cousais*
kó̲ iyó̲ : *dormir*, **na tá ná kó̲ iyó̲** : *je dormais*
púla : *vouloir*, **na tá ná púla** : *je voulais*

Le futur

- futur simple : on utilise l'auxiliaire du futur **me̲ndé̲**.

pronom* + me̲ndé̲ + *base verbale

béle̲ : *appeler*, **na me̲ndé̲ béle̲** : *j'appellerai*
dangwa : *marcher*, **na me̲ndé̲ dangwa** : *je marcherai*
ondea : *monter*, **na me̲ndé̲ jondea** : *je monterai*
sa : *danser*, **na me̲ndé̲ sa** : *je danserai*

- Le futur antérieur : on utilise le verbe **wusa**.

pronom* + wusá + *base verbale

de̲ : *planter*, **na wusá de̲** : *j'aurai planté*
lángwa : *dire*, **na wusá lángwa** : *j'aurai dit*
dímbea : *oublier*, **na wusá dímbea** : *j'aurai oublié*
tuta : *nettoyer*, **na wusá tuta** : *j'aurai nettoyé*

Le verbe **wusa**, signifie au sens propre *faillir, faire une faute, risquer*, donc **na wusá de̲** signifie en fait *j'ai failli planter*, mais selon la concordance des temps, cela a une valeur de futur antérieur, quand il y a plus d'une proposition.

Exemple :
na bé̲ne̲ té̲ ngudi, na wusá dé̲ mbonji : *si j'avais la possibilité, j'aurais planté des fleurs*.

(Voir plus loin, dans la rubrique sur la phrase : pages 47 à 51)

Le subjonctif

On met préalablement la préposition **ná**, *que*, puis on conjugue le verbe en fonction de son groupe.

- Pour les verbes du premier groupe en e

ná + *pronom (ton haut) + base verbale*

lée : *montrer*, **ná ná lée** : *que je montre*
téle : *ouvrir*, **ná ná téle** : *que j'ouvre*

- Pour les verbes en **a**, **o**, **wa** : on enlève les terminaisons, et on met **e** à la place.

ná + *pronom (ton haut)* + *radical* + e

da : *manger*, **ná ná dê** : *que je mange*
dangwa : *marcher*, **ná ná dangwe** : *que je marche*
koka : *grandir*, **ná ná koke** : *que je grandisse*
poso : *choisir*, **ná ná pose** : *que je choisisse*
nongo : *prendre*, **ná ná nonge** : *que je prenne*

- Pour les verbes en **ea** : on enlève la terminaison, et on met **eye** à la place.

ná + *pronom (ton haut)* + *radical* + eye

abea : *offrir*, **ná n'abeye** : *que j'offre*
dímbea : *oublier*, **ná ná dímbeye** : *que j'oublie*
dutea : *refléchir*, **ná ná duteye** : *que je réfléchisse*

Le conditionnel

On utilise le mot **té**, abréviation de **téngé**, qui au sens propre signifie *chaque*.

- conditionnel présent

***pronom + verbe au passé composé* + té**

púla : *vouloir*, **na púli té** : *si je veux*
wasa : *chercher*, **na wasí té** : *si je cherche*

lé̲e̲ : *montrer*, **na lé̲é̲ té̲** : *si je montre*
de̲kwe̲ : *fuir*, **na de̲kwé̲ té̲** : *si je fuis*
sumwa : *enlever*, **na sumó té̲** : *si j'enlève*
émea : *accepter*, **n'émédi té̲** : *si j'accepte*

- conditionnel passé I

***pronom* + *base verbale* + té̲**

na púla té̲ : *si je voulais*
na wasa té̲ : *si je cherchais*
na lé̲e̲ té̲ : *si je montrais*
na de̲kwe̲ té̲ : *si je fuyais*
na sumwa té̲ : *si j'enlevais*
n'émea té̲ : *si j'acceptais*

- conditionnel passé II

pronom* + tá + té̲ + *pronom (ton haut)* + *base verbale

na tá té̲ ná púla : *si j'avais voulu*
na tá té̲ ná wasa : *si j'avais cherché*
na tá té̲ ná lé̲e̲ : *si j'avais montré*
na tá té̲ ná de̲kwe̲ : *si j'avais fui*
na tá té̲ ná sumwa : *si j'avais enlevé*
na tá té̲ n'émea : *si j'avais accepté*

L'impératif

Ce temps n'est utilisé que pour les deuxièmes personnes du singulier du pluriel. On met un ton tombant à la dernière syllabe.

daméâ !	*attrape !*	**biñó̲ daméâ !**	*attrapez !*
sawâ !	*paie !*	**biñó̲ sawâ !**	*payez !*
ne̲ngê̲ !	*garde !*	**biñó̲ ne̲ngê̲ !**	*gardez !*
to̲pô̲ !	*parle !*	**biñó̲ to̲pô̲ !**	*parlez !*
wasâ !	*cherche !*	**biñó̲ wasâ !**	*cherchez !*

Les irrégularités dans la conjugaison

➢ Pour les verbes d'état, de mouvement, ou exprimant un changement d'état : *être, grandir, grossir, être petit, être grand, être prêt, être propre, être dur, être beau, être doux,* etc. le présent simple a le plus souvent une valeur de futur proche, et le passé composé, une valeur de présent.

épame̲ : *être serré*, **n'épame̲** : *je suis serré*
kola : *être gros, grossir*, **na kolô** : *je suis gros*
sala : *être petit*, **na salô** : *je suis petit*
sánga : *être propre*, **na sángi** : *je suis propre*
wáma : *être léger*, **na wâm** : *je suis léger*

Pour ces mêmes verbes, l'imparfait a une valeur de plus-que-parfait :

na tá ná kó̲ : *j'étais tombé* au lieu de *je tombais*
na tá n'épame̲ : *j'étais serré, occupé*

➢ Le passé composé est très irrégulier, à ce temps :

- certains verbes en **e̲** se conjuguent comme des verbes en **a**

bé̲ne̲ : *avoir*, **na bé̲ni / bê̲n** : *j'ai*
té̲me̲ : *se lever*, **na té̲mi / tê̲m :** *je me suis levé*

- certains verbes en **e̲ye̲** se conjuguent comme des verbes en **ea**, car ils peuvent avoir la même terminaison.

só̲so̲me̲ye̲ /só̲so̲mea : *supplier*, **na só̲só̲médi** : *j'ai supplié*
lúle̲ye̲ /lúlea : *forger pour*, **na lúlédi** : *j'ai forgé pour*

- certains verbes en **wa**, ne prennent pas la terminaison **ô**, mais plutôt un **u**, notamment les verbes qu'on peut écrire sans le **w**.

bewa : *roter*, **na beú** : *j'ai roté*
bówa/ bóa : *être malade*, **na bóu** : *j'ai été malade*
wa : *venir*, **na wû** : *je suis venu(e)*

- pour certains verbes en **a** et en **o̲**, à une syllabe, on ne rajoute pas un i à l'infinitif du verbe, la terminaison est tout autre :

ña mĩla : *courir,* **na ñí mĩla** : *j'ai couru*

ña : *faire ses besoins,* **na ñédi** : *j'ai fait mes besoins*
da : *manger,* **na dédi** : *j'ai mangé*
ñó̲ : *boire,* **na ñó̲di** : *j'ai bu*
kó̲ : *tomber,* **na kwédi** : *je suis tombé(e)*
wó̲ : *mourir,* **na wédi** : *je suis mort(e)*

La syntaxe

La phrase simple

Elle se compose du sujet, du verbe et d'éventuels compléments. Le mot **ndé** accompagne le plus souvent les phrases affirmatives.

na m'ala : *je vais*
na m'alá ó dǒn : *je vais au marché*
ou bien **na m'alá ndé ó dǒn**

Si la phrase commence par le complément, on rajoute le suffixe **-nó̲** au verbe ou à l'auxiliaire, et le mot **ndé** devient indispensable et est en position 2, après le complément.

na kwáli (ndé) níka : *j'ai dit cela*
níka ndé ná kwálinó̲ : *c'est ce que j'ai dit*
o dédi (ndé) súe : *tu as mangé du poisson*
súe ndé ó dédinó̲ : *c'est le poisson que tu as mangé*
na me̲ndé̲ (ndé) ñó̲ madíbá : *je boirai de l'eau*
madíbá ndé ná mé̲nde̲nó̲ ñó̲ : *c'est l'eau que je boirai*
na tá (ndé) ná wasá oa : *je te cherchais*
oa ndé ná tánó̲ ná wasa : *c'est toi que je cherchais*

La phrase composée/complexe

La phrase complexe se compose de deux ou plusieurs propositions coordonnées entre elles, ou d'une proposition principale suivie de sa subordonnée.

- Coordination

- *mais* : **ndé**

a po̲í ó mbó'ángō̲, ndé o sí ta wa : *il est venu chez toi, mais tu n'étais pas là.*
na púli mabato, ndé na kusí kálati : *j'ai voulu des pagnes, mais j'ai reçu des livres.*

- *ou* : **nga**, lors d'une interrogation, ou **to̲**, pour une affirmation.

lo̲ndo̲ lé ndé wé̲ngē̲ nga kíe̲le̲ ? *le voyage c'est aujourd'hui ou demain ?*
lo̲ndo̲ lé ndé wé̲ngē̲ to̲ kíe̲le̲ : *le voyage c'est aujourd'hui ou demain.*

- *et* : **na**, on remet le pronom personnel après la conjonction

a wân bewolo, na bisó̲ dí dá : *il a apporté des galettes, et nous avons mangé*
a po̲í pé̲pe̲le̲ oa, na mó̲ á timba : *il est venu te rendre visite et il est reparti.*

- *donc* : **óñólá níka,** dans le sens de *pour cela*, *pour cette raison.*

na wo̲lí, óñólá níka na m'alá kó̲ iyó̲ : *je suis fatigué, donc je vais me coucher*
wá wúma í pó̲ti, óñólá níka na sí m'alá wo : *cet endroit est éloigné, donc je n'y vais pas.*

- *or* : **ndé ké̲**, qui veut aussi dire *alors que*.

a sáwó ndé dó̲la ítánu, ndé ké̲ musúsedi mwé ndé ebwéa : *il a payé 25 francs, or le prix c'est 100 francs.*
a s'álabé̲ póndá ñéná bá bélé̲nó̲ mó̲, ndé ké̲ a sengí : *il n'a pas répondu quand on l'a appelé, or il a entendu.*

- *ni* : **to̲**

na sí ñó̲di madíbá to̲ wâñ : *je n'ai bu ni de l'eau ni du vin*
na sí ma po̲só̲ mangá to̲ makúbé : *je ne choisis ni les ananas ni les bananes*
na sí tó̲ndi mbó̲ to̲ síngi : *je n'aime ni les chiens ni les chats*

- *car* : **ebánjá**

múna e ó jea ebánjá a ké̲di : *l'enfant pleure, car il s'est blessé*
na lómédi mó̲ jabea, ebánjá a yâi : *je lui ai envoyé un présent, car elle a accouché.*

➢ Subordination

➢ but : on utilise soit le subjonctif, avec **ná** : *que*, soit la préposition **ó** : *pour, pour que, afin de.*

na poí wa ó jéne biñó : *je suis venu là pour vous voir*
di umbí masáo ó jémbise mó : *nous avons applaudi pour l'encourager*
na sáwó moní ná ló kasabe ó ndémá : *j'ai payé de l'argent pour que vous soyez reçus à la fête.*

➢ cause : on utilise **óñólá ná** : *parce que*, ou bien **níka** : *comme.*

e muñenge óñólá ná a búsi ó kekise : *elle est heureuse parce qu'elle a réussi son examen*
e muñenge níka á búsinó ó kekise : *elle est heureuse comme elle a réussi son examen*

➢ condition : on utilise **yéténá** ou **ké**, *si.*

na mendé po nongo oa ké o túngê : *je viendrai te chercher si tu arrives*
di m'alá wo yéténá bá lom bisó : *nous irons là-bas, si on nous y envoie.*

➢ manière : on utilise **nénī**, *comme, comment.*

ombwa té nénī bá jainó *: regarde comment ils sont assis.*
léé mbá nénī bá m'ipenó makala : *montre-moi comment on fait les beignets.*

Le discours rapporté

On utilise un pronom personnel suivi de *que*, la proposition principale n'a pas de verbe, et le verbe de la subordonnée est au subjonctif. Pour parler à quelqu'un par exemple, il est plus courant de dire **mbá ná é**, *moi que hein*, pour dire *je dis que.*

Tíki mó ná ó ye : *Tiki dit que tu viennes.*
/Tiki elle que tu viennes/

íyo mó ná ó wáne mulongá : *maman dit d'apporter le seau. /maman que tu apportes le seau/*
mbá ná ó kate ngéa : *je dis que tu traverses la route = je te demande de traverser la route /moi que tu traverses la route/*
sóngó mó ná o sí súbá pé esukúdu : *ton père dit de ne plus manquer l'école /ton père que toi ne manques plus l'école/*

Le comparatif

- de supériorité : avec **búka**, *dépasser* ou *plus que.*

njou e koló búka púe : *l'éléphant est plus grand que la souris*
mutóa mwé díye búka médi : *la voiture est plus chère que le vélo*
na kwédi iyó búka oa : *j'ai dormi plus que toi*
moto e dibíé búka ñama : *l'Homme est plus intelligent que l'animal*

- d'égalité : avec **ka**, *comme*, ou **kapó ka**, *égal à, pareil à.*

na saló ka oa : *je suis petit comme toi*
na saló kapó ka oa : *je suis aussi petit que toi.*
Etále a dodí kapó ka Dimódi : *Etalè est aussi belle que Dimodi.*

- d'infériorité : avec **búka** ou **ka**, mais en utilisant la négation.

ngule e sí kwañ búka ñáti : *le lézard n'est pas plus brutal que le buffle*, pour dire *le lézard es moins brutal que le buffle.*
ngule e sí kwañ ka ñáti : *le lézard n'est pas aussi brutal que le buffle*, soit *le lézard est moins brutal que le buffle.*

L'interrogation

Du verbe **uele /uwele** : *interroger, questionner*, nous vient le mot toujours au pluriel **myúédí**, *les questions*. Elles sont posées par le biais des mots interrogatifs suivants :

njá ? *qui ?*
ba njá ? *les qui ?*

njé ? *quoi ?*
njíka ? *quel ?*
njíka mó̱ ? *lequel ? laquelle ?*
óñólá njé ? *pourquoi ?*
óñólá njá ? *pour qui ?*
ó njo̱m'a njé ? *pour quelle raison ?*
ebánjá njé ? *à cause de quoi*
íníngá ? *combien ?*
mwaníngá ? *combien ? (le prix)*
súníngá ? *quand ? (la date)*
njíka póndá ? *à quel moment ?*
botea súníngá ? *depuis quand ?*
náte̱na wê̱ ? *jusqu'où ?*
né̱nī ? ou **nê̱ ?** *comment*
wé̱nī ? ou **wê̱ ?** *où ?*
lá wé̱nī ? *d'où ? à partir d'où ?*

Pour les réponses suivantes, on a les mots :
óñólá ná : *parce que*, **ebánjá (ná) :** *car*, **ó njo̱m'a :** *à cause de.* Plusieurs tournures sont possibles pour les phrases interrogatives. Lorsque la phrase commence par un mot interrogatif, on rajoute le suffixe **-nó̱** au verbe ou à l'auxiliaire.

On peut aussi mettre **e** à la fin de la phrase interrogative, mais ce n'est pas indispensable, il sert juste à accentuer l'interrogation.

Njé yé njo̱m'a malingá mó̱ngō̱ e ? *Quelle est la raison de ta colère ?*

O lingí ndé ó njo̱m'a njé e ? *Tu es fâché pour quelle raison ?*

Ó njo̱m'a njé ó lingínó̱ e ? *Pour quelle raison es-tu fâché ?*

Bá dô̱m ndé mó̱ losilo lóníngá ? *Combien de coups de poing lui a-t-on donné ?*

O wo̱ndí ndé óñólá njé e ? ou **Óñólá njé ó wo̱ndínó̱ e ?** *Pourquoi as-tu menti ?*

O ma po̱ ndé súníngá e ? ou **Súníngá ó má po̱nó̱ ?** *Quand viens-tu ?*

Di me̱ndé̱ bolea né̱nī e ? ou **Né̱nī dí me̱nde̱nó̱ bolea e ?** *Comment ferons-nous ?*

Bá ma ja ndé ó wénī e ? ou **Ó wénī bá ma janó e ?** *Où habitent-ils ?*

L'expression *n'est ce pas* se dit **bwā**.
Lo nongí mikuta máñū, bwā ? *Vous avez pris vos sacs, n'est ce pas ?*

Pour l'interrogation indirecte, on emploie le mot **nga**, qui ici signifie *si*, car il signifie aussi *ou bien*, dans le cas de la comparaison.

na ma púla bía nga o mendé pómane timba : *je veux savoir si tu rentreras bientôt.*
na báíse ndé nga o tá ó biá mó : *j'ai demandé si tu la connaissais.*

La négation

Il y a trois formes de négation : la négation propre au verbe *être*, la négation propre aux noms, et la négation propre à tous les autres verbes.

- la négation spécifique au verbe *être* et *pouvoir* :

on utilise le verbe **tita**, *ne pas être*, qui est le contraire de **be**, c'est donc un « verbe d'état négatif ». Ce verbe n'est utilisé qu'au passé composé, sachant qu'à ce temps les verbes d'état ont une valeur de présent.

être	**pouvoir**
n'e : *je suis*	**n'e ná** : *je peux*
na tití : *je ne suis pas*	**na tití ná** : *je ne peux pas*
na tití pé : *je ne suis plus*	**na tití pé ná** : *je ne peux plus*

Le verbe *pouvoir* signifie littéralement *être que*, pour dire *être en mesure de.*

- la négation devant les noms : on rajoute **to** devant le nom :

lambo : *une chose*	**to lambo** : *rien, zéro*
moto : *une personne*	**to moto** : *personne, nul*
wúma : *un lieu*	**to wúma** : *nulle part*

búñá : *le jour* — **to búñá** : *jamais*
son : *peu, un peu* — **to son** : *pas le moindre*

to moto a sí boli to lambo : *personne n'a rien fait*
to lambo di tití : *il n'y a rien*
na sí kusi to son'á epólo : *je n'ai pas eu la moindre place.*

➢ la négation devant les verbes : on rajoute le mot **sí** devant le verbe, quelque soit le temps de conjugaison. C'est la forme négative au sens large.

na tâ : *j'étais*, **na sí ta :** *je n'étais pas*
na bî : *je sais*, **na sí bí :** *je ne sais pas*
na bên : *j'ai*, **na sí bên :** *je n'ai pas*
na ma púla : *je veux*, **na sí ma púla :** *je ne veux pas*
na mendé sa : *je danserai*, **na sí mendé sa :** *je ne danserai pas*
na sengí : *j'ai entendu*, **na sí sengi :** *je n'ai pas entendu*
na tilí maléta : *j'ai écrit des lettres*
na sí tili maléta : *je n'ai pas écrit des lettres*
na tóndi lánga myangó má Kína na India : *j'aime lire l'histoire de la Chine et de l'Inde*
na sí tóndi lánga myangó má Kína na India : *je n'aime pas lire l'histoire de la Chine et de l'Inde*

➢ une forme combinée de deux négations : on a le mot **séto** (**s'é to**) venant de la combinaison des deux formes négatives : **sí** (négation devant les verbes) **e** (verbe être au présent) **to** (négation devant les noms), qui signifie donc *ce n'est pas*.

séto mbá : *ce n'est pas moi* ; **séto níka** : *ce n'est pas comme ça*
séto múna : *ce n'est pas l'enfant*
séto múna nû : *ce n'est pas un enfant (ça)*
séto bána : *ce ne sont pas les enfants*
séto bána bâ : *ce ne sont pas des enfants*
séto muléedi : *ce n'est pas le maître*
séto púe nî, esák'á ngombá nî : *ce n'est pas une souris, c'est un porc-et-pic*
séto esánjá yê, mulongá mû : *ce n'est pas un panier, c'est un seau*

Parenté linguistique

Le douala et l'égyptien ancien

Beaucoup d'études menées par des savants africains (Cheick Anta Diop, Dika Akwa…) ont montré une parenté entre les langues africaines et l'égyptien ancien. Voici donc une liste non exhaustive de mots douala similaires aux mots égyptiens :

égyptien ancien	douala
aâoy : *sommeil*	**iyó** : *sommeil*
atu : *s'écrier, invoquer*	**te̲** : *crier*, **ǎ te** : *ô père* !
atum : *Ra, dieu-soleil*	**etúme̲** : *soleil levant*
ba : *âme*	**be̲** : *être, exister*
baku : *serviteurs*	**bakŏm** : *serviteurs*
ban : *mauvais*	**bena** : *haïr*
beb : *génie du mal*	**bobé** : *le mal*
bob : *celui de*	**bó bwá** : *celui de*
bok : *fonder*	**bóka** : *s'établir, fonder*
	mubókedi : *fondateur*
	ebókédí : *fondation, pilier*
	ebóko : *cour*, **mbóko** : *assemblée*
	mbóa (mbóka) : *le chez-soi*
bu : *ne...pas*	**bo̲** : *finir, se terminer*
haa : *enfant*	**ya** : *enfanter*
ha : *résister, comparaître*	**ka** : *discuter, résister, plaider*
ha : *tomber*	**kó̲** : *tomber*
hata : *forer, percer*	**kata** : *traverser*
hatahata : *s'empresser*	**kátákata** : *compliqué, embrouillé*
hemaka : *saisir*	**ndamako** : *la saisie*
hesi : *chanter, jouer d' un instrument*	**esésé** : *louange*, **sésa** : *louer*
	isesé : *sifflet*
het : *diminuer, amoindrir*	**ke̲** : *couper*, **ké̲te̲le̲** : *découper*
hna : *et, avec, aussi*	**na** : *et, avec, aussi*
huta : *revêtir d'un métal, incruster*	**bó̲to̲** : *porter, s'habiller*
	wuta (kuta) : *cacher, recouvrir*
iwi : *(re)venir*	**wâ** : *venir, arriver*
ini : *aller chercher*	**wána** : *apporter*
inu : *tribut*	**ewú** : *dette, tribut, créance*
kam : *noir*	**kâmse̲** : *carboniser*

kah : *briser*	**kása** : *briser*
kef : *saisir violemment*	**kwe̲** : *attapper, saisir*
kera : *bouclier*	**keṅa** : *empêcher, bloquer*
khet : *rameau, chose, bois*	**katé** : *torche de bambou*
	muké̲ti : *flèche*, **ekoko** : *rameau*
Kom ombo : *ville sacrée d'Egypte antique, au bord du nil*	**ekombo** : *pays, nation, région, contrée*
kus : *s'arracher les cheveux en signe de deuil*	**mukúsa** : *veuve, à qui il est coutume de couper les cheveux*
mut : *mère*	**múto** : *femme*
nti : *homme*	**ntu, muntu, moto** : *homme*
nema : *destruction*	**ñama** : *se gâter, s'abîmer*
nema : *éteindre*	**dima** : *s'éteindre*
neka : *taureau*	**ñaka** : *boeuf, taureau*
nuti : *habitants d'un pays*	**dimuti** : *foule, armée, troupe*
pet : *mouvoir des pieds*	**po̲** : *venir*
papa : *briller*	**paña** : *briller*
pena : *renverser*	**péña** : *neuf, nouveau*
pet-pet : *fouler aux pieds*	**pé̲le̲-pé̲le̲** : *en se dépêchant, vite*
qes : *os*	**ewesé (ekesé)** : *os*
reqa : *(faire) cesser*	**jéka** : *empêcher*, **koka** : *suffir*
rin : *nom*	**dína** : *nom*
sa : *sol*	**sa** : *semer, cultiver*
Sa : *déesse du savoir, intelligence, l'instruction*	**So̲** : *sagesse divine*
	so̲ : *découvrir, trouver*
samu : *louer, éloge*	**sóma** : *saluer, remercier*
sabsab : *fruit à grain, concombre, pastèque*	**sabasába** : *corossol, fruit à grain*
seb : *(jouer de la) flûte*	**musébá** : *trompête*
seherer : *rendre heureux*	**selélé** : *voeux de bonheur*
sekaa : *labourer*	**saka** : *semer, provoquer*
sen : *se prosterner, respirer la terre*	**son** : *pardon*
sesenu : *douleur*	**sese** : *douleur*
sentu : *avide de savoir*	**so̲nté̲** : *curieux*
sia : *connaissance, pensée*	**bia** : *savoir*
su : *jour*	**sú** : *jour, date*
xai : *instrument, ustensile, équipement*	**pái** : *pagaie*
yuma : *mère, mer nourricière, nil*	**eyume̲** : *nourrice*

Par ailleurs, **mútu** signifie *femme* en sumérien, tout comme **múto** en douala.

Le douala, ses variantes et les autres langues sœurs

Il y a beaucoup de similitudes entre le douala, ses variantes (pongo, ewodi, isubu, mongo, bakweri, batanga…), et les autres langues sawa (abo, bakaka, mbô, bakosi…), et également avec les autres langues bantoues : bassa, lingala, kikongo, swahili, ewondo, zulu etc.

- **Bakweri** : les **b/w/p** douala deviennent respectivement des **v-w/k/f** :

douala	français	bakweri
betámbí	*chaussure*	vetámbí
bána	*enfants*	wána/vána
diwe̱ndi	*couteau*	luwe̱ndi
ewake̱	*gorille*	ewaki
Lóba	*Dieu*	Lóva
pimba	*jeter*	fimba
póndá	*temps*	fóndá
njo̱u	*éléphant*	njoku
póndá	*temps*	fóndá
wúdu	*tortue*	ikule
madíbá	*eau*	malívá

- **Balimba** : le **s** douala devient un **h**. Lorsqu'on parle de façon peu soutenue en douala, on enlève le son **s** : **na sí ma pula**, *je ne veux pas*, devient **na i ma pula** ; **na sí bí**, *je ne sais pas*, devient, **na í bí**.

douala	français	balimba
besoná	*coquillages*	behoná
besua	*luttes*	behua
bosó	*devant*	bohó
masóma	*salutations*	mahóma
musombó	*pêche*	muhombó
súe	*poisson*	húe

• **Bankon** (Abo) : le **w** douala devient respectivement un **k, f** :

douala	français	abo
diwóngí	*graisse*	ifongé
ewesé	*os*	kifes, ikesé
ewenjí	*lutte*	kifenji
epasi	*moitié*	kipes
epupa	*saison de pluie*	pupe
epósí	*bouteille*	kipós
inǒn	*oiseau*	finǔn
madíbá	*eau*	maléú
mbela	*aigle*	mbie
moto	*homme*	mut
mwítítí	*obscurité*	ifiiti
wóndi	*riz*	kón
wonja	*libre*	konja
wúdu	*tortue*	kuu

• **Bassa** : les voyelles finales des mots douala sont souvent élidés en bassa :

douala	français	basaa
bétámbí	*chaussures*	bitambé
bétánu	*cinq*	bitan
bosó	*devant*	basu
búsa	*sortir*	bos
dibum	*ventre*	libum
epósí	*bouteille*	pos
esukulu	*école*	suhulu
kusa	*obtenir*	kos
madíbá	*eau*	malep
masongá	*dents*	masong
míso	*yeux*	mis
múla	*huile*	muu
mukóngé	*grenouille*	nkongo
ngandó	*caïman*	ngan
ngomo	*tambour*	ngom
poso	*choisir*	pohol
wúma	*lieu, endroit*	hôma

• **Ewodi /Bodiman** : les **b/t** douala deviennent respectivement **v-f / r** :

douala	français	ewodi	bodiman
bulú	*nuit*	buri	buré
eyídí	*brousse*	yará	pê̱n
diwe̱ndi	*couteau*	ve̱n	fe̱n
mbó̱	*chien*	mbwá	mbwá
mbó̱tí	*habit*	mbó̱rí	mbó̱rí
moto	*homme*	moro	moro
mó̱ñ	*en haut*	mwán	mwán
múna	*enfant*	mwána	mwána
múto	*femme*	mwáro	mwáro
mwendé	*pied*	mvendé	mfendé
ndoko	*pomme, patate*	ndoro	ndoro
ndutu	*souffrance*	nduru	nduru
sué	*poisson*	shwi	shwi
wínde̱le̱	*passer la soirée*	vinde̱le̱	finde̱le̱
wómbé	*épervier*	kombí	kombí
wutame̱	*se cacher*	wurame̱	wurame̱

• **Ewondo** : les **mb/ w** douala deviennent respectivement **mv/ k** :

douala	français	ewondo
kálati	*livre*	kalara
kó̱ iyó̱	*dormir*	á ke óyo
lánga	*lire*	á láñ
mabó̱ngó̱	*genoux*	mebong
masongá	*dents*	mesong
mbó̱	*chien*	mvu
mbúsa	*derrière*	mvus
mulongá	*seau*	nlonga
ñaka	*vache*	nyag
ñó̱	*boire*	á nyú
síngi	*chat*	esinga
tila	*écrire*	á tili
wó̱	*mourir*	á wu
wúba	*poule*	akub, kub
wúdu	*tortue*	kulu

- **Lingala** : le **l-d/ nj/ w/ u** douala, deviennent respectivement **t/ nz/ k/o** :

douala	français	lingala
béle	*appeler*	kobelela
bolóngi	*maison*	botóngi
bulú	*nuit*	butú
dibuá	*neuf*	libuá
lánga	*lire*	kotánga
mbóa	*pays*	mboka
mbúa	*pluie*	mbula
mbole	*paix*	mbotè (*bonjour*)
muléma	*cœur*	motéma
múna	*enfant*	mwana
ndábo	*maison*	ndáko
ngíña	*force*	nguya
ngéngéti	*étoile*	kongenga (*briller*)
njou	*éléphant*	nzoku
tói	*oreille*	litoi
sû	*fin, final*	lisuka
súkan	*dernier, final*	

- **Swahili** : les **ng /s /b** douala deviennent respectivement **nz /ch /v** :

douala	français	swahili
bilá	*guerre*	vita
bongó	*cerveau*	ubongo
bwa	*tuer*	-ua
bwane	*entre-tuer*	-uana
da	*manger*	la
díma	*(s')éteindre*	zima
dína (m-)	*nom*	jina (ma-)
díso (m-)	*œil ; yeux*	jicho, (ma-)
ebodu	*pourriture*	ubovu
éne	*voir, trouver*	ona
epupa	*saison froide*	kipupue
ikwale	*perdrix*	kwale
íngea	*entrer*	ingia

íngele	*(s') introduire*	ingilia
íngise	*introduire*	ingiza
ison	*honte*	soni
kaṅ	*pintade*	kanga
kéma	*espèce de singe*	kima
kímea	*gronder*	kemea
kómbo	*tasse*	kikombe, (vi-)
kómbo	*bol, coupe*	kombe (ma-)
mawása	*jumeaux*	mapacha
mbó	*chien*	mbwa
mbódi	*chèvre*	mbuzi
mbúa	*pluie*	mvua
mombe	*crocodile*	mamba
motemote	*étincelle, éclair*	kimetameta
mudumbu	*bouche*	mdomo, (mi-)
mumí, momé	*mari, époux*	mume, (wa-)
múna	*enfant*	mwana, (wa-)
munganga	*docteur*	mganga, (wa-)
ndóti	*rêve*	ndoto
ngeá, njeá	*route*	njia
ñíngó	*cou*	shingo
njai	*faim, famine*	njaa
njinji, ngingi	*mouche*	inzi
njou	*éléphant*	ndovu
ñó	*boire*	nywa
póndá	*instant, temps*	punde
sanga	*rassembler, côtiser*	changa
toi (ma-)	*oreiller*	mto, (mi)
tón, (ma-)	*goutte*	tone, (ma-)
túbea	*(se) percer*	-toboa

Les mots d'emprunts

Beaucoup de langues camerounaises ont emprunté des mots au douala, de même, la langue douala possède des mots empruntés aux langues étrangères, notamment à l'anglais, dans la plupart des cas, ces mots d'emprunt ont leurs équivalents en douala, qu'il vaut mieux utiliser pour parler correctement.

➢ Anglais

diwípi	*fouet, chicotte*	whip
esukúlu	*école*	school
gó̲bina	*gouvernement*	government
kákólóti	*cafard*	cockroach
kámpíta	*charpentier*	carpenter
karosin	*pétrole*	kerosene
kilákí	*employé*	clerk
kíṅe̲, kwin	*roi, reine*	king, queen
kíshin	*cuisine*	kichen
kó̲mo̲n	*embêtant, irritant*	come on !
léta	*lettre, courrier*	letter
matrási	*matelas*	matress
mílíki	*lait*	milk
mo̲ní	*argent*	money
ndé̲ki	*étage d'une maison*	deck
préya	*prière du soir*	prayer
písísi	*pièce, morceau*	piece
ré̲nti	*location*	rent
sápi	*boutique*	shop
silipasi	*sandales*	slippers
shó̲ti	*t-shirt*	shirt
só̲pi	*savon*	soap
táwedi	*serviette*	towel
tébedi	*table*	table
ti	*thé*	tea
trosísi	*pantalon*	trousers
tombédi	*verre*	tumbler
wasine̲t	*gardien de nuit*	watch night
wínda	*fenêtre*	window
wíki, wóki	*semaine*	week
wó̲si	*cheval*	horse

➢ Français

bándási	*pansement, bandage*
kílo	*poids, balance*
kó̲ma !	expression de l'étonnement, *«comment ?»*
mamá	*maman*

masîn	*train, machine*
papá	*papa*
po̲isin	*poison*
sinima	*cinéma, film*
so̲l	*châle, grande écharpe*
tánti	*tante*
talent	*talent*
valísi	*valise*

- Allemand

ais	*glace*	Eis
be̲nsin	*essence, carburant*	Benzin
klasi	*classe*	Klasse
matrási	*matelas*	Matratze
mice̲ncule	*grande école*	Mittelschule
mutoa	*voiture*	Motor
táfe̲l	*tableau, ardoise*	Tafel
wóki	*semaine*	Woche

- Efik (Nigéria)

Ebasi	*Eglise*	Obasi
etólóki	*mesure de longueur*	etuotok
eturukan	*lampe*	utuenikan
okrika	*friperie*	okrika

Deuxième partie :

Conversation courante

La traduction littérale est entre les barres //

Salutations : masóma

La façon la plus originale de dire bonjour en douala, c'est : **Njé é túsé̱ e ?** *Qu'est ce qui est absolu?* La réponse n'en est pas moins originale, **Ñambé** ! *Dieu !*

Sinon, voici d'autres façons plus courantes de saluer :

Na sôm mbóa e !	*je salue la maison*
Masóma na bé̱se̱ !	*salut tout le monde !*
Musango mú bé̱ na biñó̱ !	*que la paix soit avec vous*
Musango mú bé̱ na oa !	*que la paix soit avec toi*

- Pour souhaiter la bienvenue :

Bepo̱yédí bá bwâm ó mbóa e ! ou bien **Po̱ lá bwâm e !**

Pour vouvoyer, on n'emploie pas la deuxième personne du pluriel, on dit simplement **sángó** : *monsieur*, et s'il s'agit d'une personne âgée, **teté̱/papá** ; et **ñangó** : *madame*, et s'il s'agit d'une personne âgée, **íyo/mamá**

- Le matin et la journée : **idiba na mwésé**

Mó̱ne̱ : *salut, bonjour*, de *morning* en anglais
Idib'á bwâm e ! *bonjour*
Na sóm e, na oa pé̱ idib'á bwâm : *merci, à toi aussi bonjour*
O búsi né̱ní e ? *comment vas-tu ? /comment es-tu sorti /*
Na búsi bwâm : *je vais bien /je suis bien sorti/*
Na búsi son : *je vais un peu bien*
/je suis un peu sorti/
Lóba e ndedí : *Dieu a pitié*
E m'alá né̱nī e ? *comment ça va ?*
O jái né̱nī e ? *comment vas-tu ? / tu restes comment?/*
Na sí jai bwâm : *je ne vais pas bien*
Lo jái né̱nī e ? *comment allez-vous ?*
Di jái bwâm, Lóba lé ndedi : *nous allons bien, Dieu a pitié (Dieu est miséricordieux)*
Bona bó̱ngō̱ bá jái né̱nī ? *comment va ta famille?*
/les membres de ta famille restent comment?/
Longé̱ dí m'aléá babó̱ bwâm : *ils se portent à merveille*

/ la vie va bien pour eux/

Bána pé bá jái nénī ? *Et comment vont les enfants*
Bá jái bwâm jíta : *Ils se portent très bien*
Mwésé mwá bwâm e ! *Bonne journée ! Bon après-midi!*
Búñá bó bé oa iwewé ! *Que ta journée soit belle!*

- La soirée et la nuit : **ebíámu na bulú**

Ebíámu'á bwâm e ! *bonsoir*
O wíndéle nénī ? *comment ça va ? (le soir)*
Na wíndéle bwâm *ça va bien*
Bulú bá bwâm e ! *bonne nuit !*
O nanga bwâm *dors bien*

- Les « au revoir » : **minángan**

En quittant quelqu'un, ne pas oublier de lui adresser des bénédictions.

Póndá nípépē só e *à la prochaine donc*
Wá wéngē (wáángě) *à tout à l'heure*
Na ma ya wâ *j'arrive*
N'e ó po *j'arrive, à tout de suite*
Kíele *à demain*
Mbá na má ala *moi je m'en vais*
Na ma díá biñó *je vous laisse*
Biñó lo día bwâm *restez bien*
O wíndele só *passe donc une bonne soirée*
Lóba lóngwane *que Dieu vous aide*
Lóba á táte biñó *que Dieu veille sur vous*
Ñambé úkeye mbóa *que Dieu assiste la maison*

- Les fêtes : **mandémá**

Búñá bwá yábe bá bwâm *joyeux anniversaire*
Pása ñá bwâm *joyeuse pâques*
Ngand'á mbú ñá bwâm *joyeux noël*
Mbú mwá bwâm *bonne année*
Mbú mwá péñá mwá bwâm *bonne année nouvelle*

Njoasoa misimá na minam mí báte ó kómea : *que chances et bénédictions se déversent encore en abondance*

Remerciements : masóma

Le verbe **sóma** signifie à la fois *saluer*, *remercier*, et *exprimer sa gratitude.*

Masóma : *merci, les remerciements*
Jíta lá masóma : *merci beaucoup, beaucoup de remerciements*
Na sôm : *je remercie, merci*
Na sôm jíta : *je remercie beaucoup, merci beaucoup*
Na sôm oa jíta : *je remercie te beaucoup*
Na sôm biñó̲ jíta : *je remercie vous beaucoup*
Na ma timbísé̲lé̲ oa njoasoa masóma óñólá jóngwane̲ ló̲ngō̲ : *je te remercie infiniment pour ton aide.*
/je rends à toi énormément de remerciements pour l'aide de toi/

Excuses : milakisan

Lakísé̲ mbá /bisó̲ : *pardonnez-moi/nous*
Ná lakisabe̲ : *pardon /que je sois pardonné(e)/*
Sôn sángó, lakísé̲ mbá : *s'il vous plait monsieur, excusez-moi*
Na só̲só̲medi ná ló lakise̲ mbá : *je vous prie de m' excuser*
Sôn biñó̲ lakísé̲ bisó̲ ebánjá di wusáne̲ biñó̲ : *s'il vous plaît excusez-nous car nous vous avons offensé*
Malingá máñū má sibe : *soyez moins en colère*
/ que vos colères descendent /
Ná lakisabe̲ ná na sí we̲li júkea ó mwembá, na tá ná wo̲ló̲ bwambí : *excusez-moi de ne pas avoir assisté à la réunion, j'étais très fatiguée*

Proverbes :

Lakise̲ dí tití bodímbéá : *pardonner n'est pas oublier.*

Mudumbu mú ma pómáné̲ lakise̲, ndé muléma mú sí ma wámsé̲ dímbea : *la bouche accorde vite le pardon, mais le coeur n'oublie pas de si tôt.*

Lakise̲ dí ma wáná musango : *le pardon est générateur de paix.*

Lakísé̲ músǎmbá mwá ngedi na sǎmbá : *pardonne soixante dix sept fois sept.*

Présentation - Identité : langwa njá ó'énó̱ (wénó̱)

Díná ló̱ngō̱ ná njá e ? *quel est ton nom ?*
/le nom à toi que qui ?/

Díná lâm ná Elímbí : *mon nom est Elimbi*

Na ma bélábé̱ ndé ná Kala : *Je m'appelle Kala*

Oa pé̱ o e ndé njá e ? *et toi, qui es tu ?*

Mba n'e ndé Epee̱ : *moi je suis Epée*

Njá núné̱ : *qui est-ce là bas ?*

Ngo̱bo̱ nû, ndóm'âm : *c'est Ngôbô, ma soeur*

Ba njá bá yáí oa ? *qui sont tes parents?*

Sángó'âm e ndé Ekwê̱, díná lá ñangó'âm pé̱ lé ndé Ebó̱lé̱ : *mon père est Ekwè, et ma mère s'appelle Ebôlè*

O wú ndé ó wé̱nī e ? *d'où viens tu ?*

O'e ndé mún'á wê̱ ? *tu es enfant d'où?*

N'e ndé mún'á Fré̱nsi : *je suis français*
/je suis enfant de France/

O ma ja ndé ó wê̱ ? *où habites-tu ?*

Na ma ja ndé ó Paris : *j'habite à Paris*

O ma bolá ndé njíka eboló : *quel est ton métier ?*

N'e ndé mulángwé̱ myangó má búñá : *je suis journaliste /diseur des nouvelles du jour/*

O be̱n bonaño̱ngó̱ e ? *as-tu des frères et soeurs ?*

Ee, na bê̱n bandóme̱ balálo na ndóm'á múto mō̱ : *oui, j'ai trois frères et une sœur*

Nûn múna e ndé njá ? *qui est cet enfant ?*

Mún'âm nû : *c'est mon enfant*

Ar'am nû : *c'est ma soeur*

Ndóm'âm nû : *c'est mon frère*

Muladi mwâm mû : *c'est mon petit-fils*

O yábé̱ ndé wé̱nī e ? *où es-tu né ?*

Ó mûn mundi mé̱né̱ ! *dans cette ville même !*

Par exemple, si votre père est français, et votre mère espagnole, vous direz :

N'e ndé mún'á Fré̱nsi, muláló ó Pañá
/ je suis un enfant de France, cousin en Espagne /

Lorsqu'un homme se présente, il se désigne par **múna**, *enfant*, et une femme par **ngon**, *fille*

N'e ndé mún'á Duálá, na yábé ndé ó Bonabédi : *je suis un Douala, je suis né à Bonabéri*
N'e ndé ngon'a Bonejaṅ ó Duálá : *je suis une fille de Bonedjang à Douala*
O'e ndé mún'a Duálá e ? *Es-tu douala?*
Ee, ná téitéí ! Di tope só bwambo bwásū : *oui exactement ! parlons donc notre langue*

O ma topó frénsi e ? *parles-tu français ?*
O bi pé topó ínglísi e ? *sais-tu aussi parler anglais?*
Na ma sengá jáman, ndé na sí ma welé topo : *je comprends l'allemand, mais je n'arrive pas à parler*

Quelques noms de pays : Míná má bekombo

Amérka	*Etats-Unis*	**Kamerun**	*Cameroun*
Dikabo	*Ile de Fernando Pô*	**Kanáda**	*Canada*
Egípto	*Egypte*	**Kína**	*Chine*
Etiópia	*Ethiopie*	**Kongó**	*Congo*
Frénsi	*France*	**Moróko**	*Maroc*
Gána	*Ghana*	**Pañá**	*Espagne*
Índia	*Inde*	**Potoki**	*Portugal*
Ínglísi	*Grande Bretagne*	**Rúslan**	*Russie*
Itália	*Italie*	**Senegâl**	*Sénégal*
Jáman	*Allemagne*	**Yápan**	*Japon*
Mikóndó má Afríka	*Afrique du Sud*		

Expressions courantes : bekwálí

Il est intéressant de remarquer que dans une conversation douala l'expression **mba na é**, *je dis que hein /moi que hein/* est utilisée pour attirer l'attention de celui à qui on va parler.

Ee *oui*
Ké̱m *non*
Sôn *s'il te/vous plaît*
Póndá pó̱ *peut-être*
Na kasí, n'emédi *d'accord, j'accepte*
Na bî *je sais*
Na sí bí *je ne sais pas*
Na dímbédi *j'ai oublié*
Té̱mê̱ ! *lève-toi*
Jâ ! *assied-toi*
Na wálámê̱n *je suis occupé*
Na sí bê̱n póndá *je n'ai pas le temps*
N'e ó sunga *je suis pressé*
N'e muñe̱nge̱ / na lingí *je suis content / fâché*
Bé ó jenge̱le̱ mbá *on m'attend*
Tó̱ díe̱le̱ mbá wóné̱ *accompagne-moi là-bas*
Síséá wân / alá wó *approche-toi ici / va là-bas*
Na tó̱ndi / na sí tó̱ndi *j'aime / je n'aime pas*
O sí kwálá pé̱ ! *n'en parle pas ! = c'est pas croyable*
Níka e tití ná e bé̱! *c'est pas possible*

Les déplacements : malo̱ndo̱

N'e múñe̱nge̱ jíta, ebánjá na kusí *visâ*, n'e só̱ ná n'álá ó mawûmse̱ : *je suis très content(e), car j'ai eu le visa, je vais pouvoir aller en vacances*

O m'alá ndé wê̱ ? *Où vas tu ?*

O m'alá ndé ó njík'epólo : *à quel endroit vas-tu ?*

Ó New York, makó̱m mâm mé ó wô, na ma pé̱pé̱lé̱ babó̱ : *à New York, mes amis y sont, je leur rendrai visite*

Ó Kamerun, na kándáne̱ bona bâm : *au Cameroun, ça fait longtemps que je n'ai pas vu les miens*

Té̱sé̱ mbá ngé̱ṅ sǎmbá, ná na sí súkáné̱ : *réveille- moi à sept heures, pour que je ne sois pas en retard*

Avio̱n e ma túngé̱ ndé njíka póndá e ? *à quel moment arrive l'avion ?*

E sí m'indea pé : *ça ne va pas tarder*

N'engéle masîn eyeka póndá, óñólá níka ndé ná súkánenó : *j'ai attendu le train trop longtemps, c'est pourquoi je suis en retard*
O engéle ndé masîn háwa íníngá e ? *combien de temps as-tu attendu le train ?*
Háwa pó n'epasi : *une heure et demi*
Sélé janda tíkéti bíáná o ma sóló ó masîn : *achète d'abord ton billet avant de rentrer dans le train*
Masîn má súkán mé ndé kos'a bulú : *le dernier train est à minuit*
Oa ndé dí poínó jengele, dí ale só ó mbóa : *c'est toi que nous sommes venus attendre, allons donc à la maison*
Masîn móngō má túngé té, bīsé mbá, na mendé po nongo oa : *si ton train arrive, avertis-moi, je viendrai te chercher*
Kém, na sôm, o sí takísé ñólo, na mendé nongo taksî : *non merci, ne te dérange pas, je prendrai un taxi*

Bôn bólo bó koló jíta, bisó bésē di ma kusá epólo : *cette pirogue est très grande, nous aurons tous une place.*
Bólo ndé bó tá ndio ñá bosó ó mbó'ásū : *c'est la pirogue qui était le premier moyen de transport chez nous jadis.*

Tíkét'a bîs ní m'álĕ ó Yaonde ñe ndé mwaníngá ? *combien coûte le tiket du bus qui va à Yaoundé?*
Andéá mbá tíkéti íbă, hín, nongó moní : *achète-moi deux tikets, tiens, prends de l'argent*

Mutóá mwâm mú ñám, na tití pé ná ná'alá ó londo na bobise lá ñólo : *ma voiture est en panne, je ne peux plus voyager facilement*
Taksí ñe ndé mwaníngá ? *combien coûte un taxi ?*
Na sí ma peyé bato béná bá m'álĕ etûm, óñólá ná ngeá ñe bobé : *je n'emprunte pas ceux qui vont loin, car la route est mauvaise*
Na peyé ndé tututu ebánjá ñe makwási : *j'ai emprunté la moto car c'est rapide*
Kém, mbá na tóndi mutóa búka tututu : *non, moi je préfère la voiture à la moto*

Idiba té, na m'alá ndé ó 'boló na médi : *chaque matin je vais au travail en vélo*
Wá wúma í poti, na tití ná ná'alá tên na myendé : *cet endroit est trop éloigné, je ne peux pas y aller à pied*
Sôn, o'e ná ó díélé mbá na mutóa e ? *s'il te plait, peux-tu m'accompagner en voiture ?*

Orientation

bosó	*devant, avant, tout droit*
mbúsa	*arrière, derrière*
póngó	*nord*
mikóndo	*sud*
jedú	*est*
mbenge	*ouest*
ó wásē	*en bas*
ó móñ	*en haut*
tétěn íbané	*au milieu*
ó mŏm / móme	*à droite*
ó dimosé	*à gauche*
bebe	*proche*
etûm	*loin*
mbásanedi, mbásăn	*près*
wâ, wân, wôn	*ici*
wónnán(u), wánnán(u)	*ici même*
wó, wóné, wáné	*là bas*

Á mutóa sôn, yómbó ó dimosé : *eh voiture /chauffeur/, s'il vous plait tournez à gauche*
Téméné nîn ngeá : *continue sur cette route*
Alá ó bosó : *avance /va devant/*
Timbá ó mbúsa : *rebrousse le chemin /retourne derrière/*
O poi té ó kóna, yómbó ó mŏm : *si tu arrives au carrefour, tourne à droite*
O mendé jéne páláṅ pó, nongó mó : *tu verras un sentier, prend-le*
Ngeá ní m'álĕ ó Bonamwang so ? *où est la route qui mène à Bonamouang?*

Na ma púlá wala ó Deido, léé̲ mbá ngeá : *je veux aller à Deido, montre-moi le chemin*
O'ángámê̲n ndé no̲ngo̲ nîn ngeá níndé̲ne̲ : *tu dois prendre cette grande route*
Bonabé̲di bé ndé ó njika epasi ? *Bonabéri se trouve de quel côté ?*
Ó yén'épas'á mo̲pí : *de l'autre côté du fleuve*

Búñá bwá Ñambé té̲, myó̲ló̲ másū mí m'ondéá ó múnja : *chaque jour que Dieu a fait, nos pirogues montent en mer.*

Au marché - les achats : ó dŏn

Yên yé ndé mwaníngá ? *ceci coûte combien?*
O m'andísé̲ ñama kílo pó̲ té̲ mwaníngá ? *à combien vends- tu le kilo de viande?*
Kilo té̲ ikólí (ikól'á fránki) : *le kilo à 1000 francs*
Sibísé̲ musúsedi son, ebánjá níka ñe díye̲ ! *baisse un peu le prix, car c'est chèr !*
Súe ñe ndé mwaníngá ? *combien coûte le poisson ?*
Na po̲i ndé janda makúbé ó po̲ngo̲ makala má mbasi : *je suis venu acheter des bananes pour faire des beignets de maïs*
Na yo̲kí jandane̲ nûn múto mabato : *j'ai l'habitude d'acheter des pagnes chez cette femme*
Ndóngó e sibí musúsedi wé̲ngē̲, níka ñe musimá : *le piment est bon prix aujourd'hui, c'est une chance*
Na lôm Mátio ó dŏn, na m'o̲ngé̲lé̲ ná mo̲ní mú me̲ndé̲ dongame̲ne̲ : *j'ai envoyé Matio au marché, je pense que l'argent suffira*
Sápi í m'ándisē̲ mbó̲tí yé ndé ó njík'epasi ? *les boutiques où on vend les habits sont de quel côté?*

Les aliments : madá

bewo̲le̲	*épinards*
bepúlungá bá bo̲mbó̲	*sucre en morceaux*
bo̲mbó̲ bwá mbúlú	*sucre en poudre*
ebo̲bo̲lo̲	*bâton de manioc*
eko̲kí / eko̲k'á wóndi	*met de cormilles ou de riz à l'huile rouge*

ekok'á mbasi	*met de maïs*
ndolé	*ndolè* (voir recette)
makabo má sese	*les macabos cuits et macérés à l'huile rouge avec du poisson fumé*
dikwamba	*manioc*
mukón mwá ngondó	*met de pistache à la viande ou poisson*
mutúmbá	*met de manioc à l'huile rouge*
myondó	*petits batons de manioc*
solo	*poisson salé*
súe yángábé	*poisson frit*
sú'á dibumba	*poisson braissé*
wóndi	*riz*

Les fruits : **bepumá**

dibô : *pastèque*
dikúbé : *banane*
epumá : *orange*
epumá éndéne : *pamplemousse*
epuma ésadi : *citron*
jangá : *ananas*
jángolo : *mangue*
mbangá : *noix de coco*
mbía : *noix de palme*
múkoké : *canne à sucre*
ndoko : *pomme*
ngingé : *aubergine*
ngwában : *goyave*
popó : *papaye*

Le repas – à table : dá – ó tébedi

Avant de manger, on fait généralement une petite prière :

son'á tambú yîn, bá sébedinó bisó, a Te namsé mó : *voici un petit repas qu'on a préparé pour nous Seigneur bénis-le.*
ou encore :
a Te námsé dîn dá, na maá m'īpé, na mikuta mí búsísé, na midumbu mí má dě, na dí báteye bisó ngíña : *Seigneur bénis ce repas et les mains qui l'ont fait, et les poches qui ont pourvu, ainsi que ceux qui vont le manger, pour qu'il nous fortifie.*

/ ô Père, bénis ce repas, et les mains qui l'ont cuisiné, et les poches qui ont sorti (sous entendu de l'argent pour acheter les vivres) et les bouches qui vont le manger, pour qu'il nous rajoute de la force/

Tambú : *bouchée*, **mukó̱lungá** : *gorgée*

Voici quelques expressions relatives à la prise du repas, à table :

Njai ñalédi mbá jíta : *j'ai très faim /la faim m'a arrêté beaucoup /*
N'ángámê̱n dá : *je dois manger*
Sé̱lé̱ joa maá bíáná o ma po̱ ó tébedi : *lave d'abord les mains avant de venir à table*
Son biñó̱ bóńsáné̱ tébed'a dá : *préparez la table à manger s'il vous plait*
Bóńsáné̱ tébedi óñólá bato bátánu, na me̱ndé̱ kasa bê̱n son'a póndá : *préparez la table pour cinq personnes, je recevrai des invités tout à l'heure*
Mam'áñū ipé̱ ndé njé ? *qu'est ce que votre maman a cuisiné ?*
Lo dédi ndé njé wé̱ngē̱ e ? *qu'avez-vous mangé aujourd'hui ?*
Di dédi ndé pe̱pe̱súpi : *nous avons pris de la soupe au piment*
No̱ngó̱ wóndi, e do̱dí jíta : *prend du riz, il est très bon*
Son, tómsé̱ mbá epós'á madíbá : *s'il te plait, passe-moi la bouteille d'eau*
Mbá na sí ma ñó̱ madíbá má pó̱mbi : *je ne bois pas l'eau du robinet*
Madíbá má wéá : *eau chaude*
Madíbá má mulo̱lo̱ko̱ : *eau froide*
Bolá mbá son'a wánga : *donne moi un peu de sel*
Wé̱lé̱yé̱ mbá madíbá ó tómbed'ám, son : *mets-moi un peu d'eau dans mon verre, s'il te plait*
Wé̱lé̱ mawe̱ndi o mǒm, myasó pé̱ ó dimo̱sé̱ : *mets les couteaux à droite et les fourchettes à gauche*
Na m'ūla : *je suis rassasié*
Biñó̱ lo ma púlá ndé dá njé nîn ko̱si ? *que désirez-vous manger ce midi?*
Yên ebíámu, na ma dá ndé ó ebóndo : *ce soir je mange dans un restaurant*

Le mot **ebóndo** signifie *restaurant*, mais on emploie plus couramment le mot français, par habitude, et surtout par ignorance du terme exact. Par contre le mot **dibóndopó** est plus connu, il s'agit d'une sorte de repas collectif, où chacun apporte ce qu'il a cuisiné de son côté, tout est mis en commun, et tout le monde mange ensemble. On a par ailleurs le **dá lá ndóló**, *l'agapè*, littéralement *repas de l'amour*, qui est pris en signe de paix et de fraternité, entre membres d'une association par exemple.

A l'école : ó esukúdu

Muléedi a ma tilá ó táfe̱l : *le maitre écrit au tableau*
Alá tila ó táfe̱l : *vas écrire au tableau*
Baútú bá ma lánga : *les élèves lisent*
Kekise̱ lé kíe̱le̱ : *il y a un examen demain*
Biñó̱ búsísé̱ kálat'añú ñá bolángá : *sortez vos livres de lecture*
Ó jálabé̱, biñó̱ lé̱ké̱ muní mó̱ñ : *pour répondre, levez le doigt*
Biñó̱ tiláné̱ diwíndí lá bulû : *écrivez avec un crayon de couleur bleue*

Vocabulaire :

baútú	*élèves*	**kekise̱**	*examen*
beléédi	*leçons*	**kondá**	*chaise*
bé̱nji	*élève*	**mbakó**	*résultat*
fíbe̱l	*abécédaire*	**mîn**	*crayon*
ebámbú	*tableau*	**mukuta**	*sac*
etutan	*chiffon*	**muléedi**	*maître*
esáó	*stylo*	**pé̱mbé̱**	*craie*
kálati	*livre*	**tébedi**	*table*

A l'église : ó ndábó'á mítin

Mítin má m'íngéá ndé epas'a ngé̱ṅ lo̱mbi : *le culte commence à 8h30*
Batúdú bá myembá bá síseye : *que les anciens d'église s'approchent*
Bolángá bwásū bwá bosó bwé ndé ó kálat'a... *notre première lecture se trouve dans le livre de...*
Bepasi....mwembá botea... nate̱na... *chapitre... verset ... à ....*

Di m'alá ó senga muká mú súkán boté̲me̲té̲mé̲ : *nous allons écouter la dernière prière debout*
Dá lá Sángó lé nîn só̲ndí : *il y a Sainte Cène ce dimanche*
Di ma káne̲ : *nous prions*
É bé̲ níka : *qu'il en soit ainsi*
Bána bá tó̲ndi Ngand'a mbú : *les enfants aiment Noël, (fête annuelle).*
Kómabe̲ lá Mudí Músángí lé wé̲ngē̲ : *la Pentecôte [déversement de l'Esprit-Saint] c'est aujourd'hui.*

Au téléphone ou à la poste : ó musinga to̲ ó post

Ces phrases sont aussi valables pour le vouvoiement, qui n'existe pas en douala.

Alo, sôn we ná ó tómsé̲ mbá... : *allo, s'il te plaît, peux-tu me passer...*
N'e ná ná kwálísáné̲ sángó/ñangó... : *puis-je parler à monsieur/madame...*
O s'asumwé̲ na ma tómsé̲ oa... : *ne quitte pas, je te passe ...*
Ā ó musinga, bátá béle̲ son'a póndá : *il/elle est déjà en ligne, rappelle plus tard.*
Mó̲ ná a me̲ndé̲ béle̲ oa kíe̲le̲ : *il dit qu'il te rappellera demain.*
Engé̲lê̲, na ma bélé̲ mó̲ : *attends, je l'appelle*
N'e ndé béle̲ oa ó... : *je t'appelle de...*
Moto e ná á bolané̲ nîn telefo̲n e? *quelqu'un peut-il utiliser ce téléphone ?*
Nó̲mb'ángō̲ ñe ndé njé? *quel est ton numéro?*
O bê̲n lambo lá tilane̲? Nó̲mb'âm nîn... : *as-tu de quoi écrire? Voici mon numéro...*
O s'ásumwé̲, na ma no̲ngó̲ dipapá na diwíndí ó tila nó̲mba : *ne quitte pas, je prends une feuille et un stylo pour noter le numéro*
To̲pó̲ mó̲ñ son, na tití senga bwâm : *parle plus fort, je n'entends pas bien*
Na bê̲n léta ó lóma, na m'alá ó post wa : *j'ai une lettre à envoyer, je vais à la poste là*
Na ma púlá lóma dibómbá ó mbe̲nge̲ : *je veux envoyer un colis en Europe*

Les notions de temps : póndá

Le temps est parfaitement divisé. Le calendrier se dit **elánge̲ mbú** ; **kalénda** est un emprunt à l'anglais. Tout comme **wóki / wíki**, *semaine*, est emprunté à la fois à l'anglais et à l'allemand.

idiba	*matin*
mésanedi	*aube*
mbatimbati	*aurore*
búñá	*jour*
ko̲si	*midi*
mwésé	*journée, après-midi*
ewíndé̲winde̲	*crépuscule*
ebíámu	*soir*
bulú	*nuit*
wé̲ngē̲	*aujourd'hui*
wá wé̲ngē̲	*dans quelque temps, tout à l'heure*
kíe̲le̲ (ní tómbí)	*hier*
kíe̲le̲ (ní má yě̲)	*demain*
tatánu	*maintenant*
wá tátanu	*tout de suite, à l'instant*
sú íbă	*avant hier, dans deux jours*
sú ílálo	*dans trois jours*
son'a póndá	*tout à l'heure, bientôt*
póndá nípé̲pē̲	*une autre fois*
ndo̲ko̲	*seconde*
minúti	*minute*
ngande̲, nge̲ṅ	*heure*
háwa	*heure (la durée)*
sú	*jour, date*
disama, esaman	*semaine*
mó̲di	*mois*
mbú	*année*
niné̲ wóki	*la semaine prochaine*
múné̲ mó̲di	*le mois prochain*
múné̲ mbú	*l'année prochaine*
bobwéa	*siècle*
bokólí	*millénaire*
kwaṅ	*temps anciens, passé*
kobá na ngíndí	*temps très anciens, préhistoire*

ngíndí	*antiquité*
bolóba	*époque*
ewóndá	*espace*
misipô	*univers*
póndá	*temps*

Division du temps : **jabane lá póndá**

Minúti mú ben ndé múmutóbá mwá ndoko.
Une minute a soixante secondes.
Háwa e ben ndé múmutóbá mwá minúti.
Une heure a soixante minutes.
Búñá bó ben ndé mwábǎ mwá háwa na ínei.
Un jour a vingt-quatre heures.
Disama dí ben ndé míñá sǎmbá.
Une semaine a sept jours.
Mbú mú ben ndé dóm lá myódi na míbā.
Une année a douze mois.
Bobwéa bó ben ndé ebwéa mbú.
Un siècle a cent ans.
Bokólí bó ben ndé ikól'á mbú
Un millénaire a mil ans.

Les jours de la semaine : **míñá má disama**

sú signifie *jour*, et **sí** *planète*. Pour les 4 premiers jours, on peut donc avoir **sí** à la place de **sú**.

- **Mosú** (*lundi*) : jour de la lune (**módi**)
- **Kwasú** (*mardi*) : jour de la justice (**Kwa**)
- **Mukósú** (*mercredi*) : jour de saturne (**Mukó**)
- **Ngisú** (*jeudi*) : jour de l'énergie (**ngi**)
- **Ndosú** (*vendredi*) : jour du soleil, le **ndosi** est la *morelle* (*solanum*) qui jaunit comme le soleil.
- **Esabasú /esaba** (*samedi*) : jour consacré de rite d'adjuration de « Esa» ; de **idib'á esa**, *matin de l'Esa*
- **Etíñá / etǐ** (*dimanche*) : de **eti'a búñá**, *tourbillon du jour*, ou bien **búñá bwá etia**, *jour du tourbillon*

On utilise quelques fois des anglicismes pour désigner certains jours : **mó̠ndí**, *lundi*, **fraidé**, *vendredi,* **sátidé**, *samedi,* **só̠ndí**, *dimanche.* **Dóne̠sú** est un germanisme, **Donnerstag** (*jeudi*), mais est plutôt utilisé pour *vendredi.*

Les mois de l'année : **myódí má mbú**

dimó̠di	*janvier*	**madíbé̠dibe̠**	*juillet*
ngo̠nde̠	*février*	**dingíndí**	*août*
so̠ṅe̠	*mars*	**ñe̠te̠ki**	*septembre*
dibábá	*avril*	**maye̠se̠**	*octobre*
emiase̠le̠	*mai*	**tiníní**	*novembre*
eso̠pé̠so̠pe̠	*juin*	**eláṅé̠**	*décembre*

Le mot **mó̠di** désigne à la fois, *la lune, la femelle* et *les menstrues.* Le point commun entre les trois est le fonctionnement par cycle. En kikongo, une langue bantu parlée au Congo et en Angola, la lune se dit **ngondo**. En douala, **ngo̠nde̠** désigne *la forme sphérique d'un astre*, et est synonyme de *lune.* De là dérive les mots **ngo̠n**, *jeune fille, fille de famille ou de clan*, et **ngo̠ndédi**, *vierge.* La fille se dit **ngonda** en basaa. Le mois de janvier évoque donc la lune proprement dite, tandis que le mois de février évoque la féminité, la fécondité. L'expression **jéne̠ mó̠di** est employée pour dire *avoir ses règles*, mais elle signifie littéralement *voir la lune.*

Dire la date et le temps qu'il fait

On a deux principales saisons, **lowe̠**, *la saison sèche* et **epupa**, *la saison de pluies.* Dans l'année il y a deux saisons de pluies, la petite, et la grande, allant de juillet à septembre. On a aussi deux saisons sèches, la petite et la grande, de décembre à février.

Les noms des mois peuvent aussi être liés au temps qu'il fait durant ces mois. Par exemple, **madíbé̠dibe̠**, *juillet*, le mois d'averses, son nom vient de **madíbá**, *l'eau*, le redoublement du mot marque l'excès, l'insistance.

Esopésope : *juin*, provient de **sopo** : *se mouiller*, mois où il commence à avoir des pluies fréquentes à Douala. **Eláṅe** : *décembre*, le mois où le soleil frappe **(láṅa)**.

Wéngē yé ndé súníngá e ? *aujourd'hui c'est quand ?*
Wéngē yé ndé esaba : *aujourd'hui c'est samedi*
Sú íba é tá ndé súníngá ? *avant hier c'était quand?*
É tá ndé dóm lá míñá na míbǎ má módi mwá dingíndí : *c'était le 12 août /c'était dix jours et deux du mois d'août /*
Wei í tómse : *il y a trop de soleil*
Muloloko mú tómse : *il fait très froid*
Ngǒ ñe jíta bwambí : *il y a trop de vent*
Epupa yǎ bebe : *la saison des pluies est proche*
Mbúa e ma yóle : *il pleut*
Mbúa e yóle kíele jíta : *il a beaucoup plu hier*
Búsáné mbulédi : *sors avec un parapluie*
Ebánjá mawíndí mé ó dibobe jíta : *car il y a beaucoup de nuages au ciel*
Bótó lóki, e bía bé ó sengá ngǒ : *mets un manteau, sinon tu risques d'avoir froid*
Ó póngó'á kamerun, tongo iwó í ma bé í bánjá ó póndá lowe : *au nord Cameroun, certains fleuves tarissent pendant la saison sèche*
Mûn mbú mbúa yé pásá : *cette année les pluies sont rares*
Ais e ma kó ó mbenge : *la neige tombe en Europe*
Ndé ó mbó'ásū wân, di ben ndé wéi : *mais ici chez nous, on a le soleil.*

Lire l'heure : **lánga ngéṅ**

Le système est semblable à l'anglais avec les Am/Pm : de 1 heure du matin à midi ; et à partir de 13 heures, on recommence à 1 heure de l'après midi, ainsi de suite.

Ngéṅ íníngá yî ? *quelle heure est-il ?*
/c'est combien de cloches là ?/

1h00 **ngéṅ pó ñá mésanedi,** *une heure du matin*
6h20 **ngéṅ mutóbá na mwábǎ mwá minut**
7h00 **ngéṅ sambá yá idiba**, *sept heures du matin*

11h00 **dóm lá ngé̱ṅ na pó̱** ou **dôm na pó̱**

12h00 **ko̱si**, *midi*, et non **dóm lá ngé̱ṅ na íbǎ**, *douze heures*, qui parait un peu lourd en douala.

13h30 **ngé̱ṅ pó̱ na epasi**, *une heure et demi*, et non **dóm lá ngé̱ṅ na ílálo na epasi**, *treize heures et demi.* On peut aussi dire **epas'a ngé̱ṅ pó̱**

16h40 **ngé̱n íne̱i na mwáne̱i mwá minut**, *quatre heures et quarante minutes*, ou bien **ngé̱ṅ ítánu a ma púlá mwábǎ**, *cinq heures veulent vingt (minutes)*, pour dire qu'il manque 20 minutes pour avoir 17 heures.

19h25 **ngé̱ṅ sǎmbá na mwábǎ mwá minut na mátánu**, *sept heures et vingt minutes et cinq*

20 h55 **ngé̱ṅ dibuá a ma púlá mátánu**, *neuf heures veulent cinq (minutes)*, pour dire vingt heures et cinquante cinq minutes.

Pour la durée, on emploie plutôt **háwa** (*hour*) et non **ngé̱ṅ** :

ndongámé̱n e botédi ndé ngé̱ṅ ílálo yá mwésé, ñindí pé̱ háwa ílálo : *la réunion a commencé à 15 heures (3 heures de la journée) , et elle a duré trois heures de temps.*

La santé : ja lá bwam

Dire comment on se sent : **lángwa nénī ó má senganó̱**

(Mambo) mé̱sē̱ má do̱lí : *tout va bien*
/(choses) toutes sont belles /
Na jái bwâm jíta : *je vais très bien*
Bisó bé̱sē̱ di jái bwâm : *nous tous nous allons bien*
Na si ma sengá bwâm : *je ne me sens pas bien*
Na be̱n ese̱kuse̱ku : *j'ai le hoquet*
Mulópō mwé mbá sese : *j'ai des maux de tête*
Dibum dí ma yuá mó̱ : *il/elle a mal au ventre*
Songá lé mó̱ sese : *il/elle a mal à la dent*
A be̱n eyo̱só̱si : *il/elle a de la toux*
Ngǒ̱ ñe múna ó ñólo : *l'enfant a de la fièvre*
N'e ndé ó musala : *je suis convalescent(e)*

N'ángáme̱n wala jé̱ne̱ dó̱kita ebánjá na ma sengá wo̱lo̱ jíta : *je dois aller voir le médecin car je me sens très fatigué(e)*
O wo̱lí jíta, wúmsé̱ ! *Tu es très fatigué(e), repose-toi*
Ó̱ke̱lé̱, níka e ma bolá oá son'a ngíña : *lave-toi, ça te donnera un peu de force*

Visite d'un malade : **pé̱pe̱le̱ lá mubóedi**

O'íngédi ndé ó dó̱kita súníngá e ? *Quand es-tu entré à l'hôpital?*
Bá nûm múná muké̱lé̱ : *on a fait un vaccin à l'enfant*
Na wánédi oa son'á jabea : *je t'ai apporté un petit cadeau*
Níka ñe muyaó we̱ ! *C'est très gentil!*
Múna a yábé̱ bwâm : *l'enfant est bien né*
Ñangó na múna bá jái bwâm : *la mère et le bébé se portent bien*
O'ángámê̱n wúmse̱ bwâm : *tu dois bien te reposer.*

Les maladies : **mabóa**

eyo̱só̱si	*toux*
kulúngúndú	*rougeole*
mbá	*rhume*
muyuako	*dyarrhée*
myangi	*démangeaison*
nkó̱ṅke̱le̱/ngó̱ṅke̱le̱	*grippe*
ngǒ̱	*fièvre*
njabi	*jaunisse*
nje̱mbé̱lē̱	*paralysie*

Les cinq sens : **mabié̱ mátánu**

jě̱ne̱	*vue*	**enumba**	*odorat*
besengédí	*ouie*	**etápé̱**	*toucher*
eyéme̱	*goût*		

Les maladies des sens : **mabóá má mabié̱**

ndímá : *cécité*, **ndó̱kí** : *surdité*, **mbúké** : *mutisme.*

Le corps humain : **ñól’á moto**

ahaṅ	*pancréas*
bo̱ngó̱	*cerveau*
bosó	*visage*
bwangá	*poitrine*
diá	*bras*
diá	*main*
dibadi	*foie*
dibê̱	*sein*
dibe̱be̱	*cuisse*
dibó̱bó̱di	*frontanelle*
dibó̱ngó̱	*genou*
dibum	*ventre*
dikandí	*fesse*
dikata	*épaule*
dikó̱dika	*nuque*
díso̱	*oeil*
ebungá	*estomac*
ekanjá	*colone vertbrale*
ekékéleké	*crâne*
ekélékete	*squelette*
elongi	*membre*
enama	*membre*
esanjanja	*rein*
esanje̱sanje̱	*vessie*
esaosao	*poumon*
ewesé	*os*
eyéme̱	*langue*
eyobo	*peau*
ikúle̱	*bosse*
láma	*joue*
mase̱dú	*barbe*
mayǎ	*sang*
mbo̱mbó̱	*front*
mo̱ngo̱	*dos*
mpémbá	*nez*
mudumbu	*bouche*
muléma	*coeur*
mulópō	*te̱te*
mungo̱ngi	*gorge*
muní	*doigt*
musisá	*veine*
muson	*muscle*
muson	*chair*
mutó̱di	*nombril*
mwendé	*pied*
ngódi	*cordon ombilical*
ngo̱bo̱	*placenta*
njongo’á mpémbá	*narine*
ñándi	*ongle*
ñáso	*menton*
ñíngó	*cou*
ñólo	*corps*
ñǒ̱	*cheveu*
sóngá	*dent*
tand’a ngule̱	*foetus*
tangá	*plante du pied*
tói	*oreille*
tóngó	*hanche*

Les animaux

Les bêtes et les bestiaux : **ñama na byembé**

ekabala	*cheval*
ekudukudu	*hyène*
ngie̱ / ngio̱	*léopard*
ngila	*lion*

elíwa	*zèbre*	**ngiloba**	*girafe*
esáká'ngombá	*porc-et-pic*	**ngoá**	*porc*
ewake̲	*chimpanzé*	**ngolóṅ**	*antilope*
eyongúlédi	*caméléon*	**ngombá**	*hérisson*
isé̲du	*lièvre*	**ngo̲te̲**	*écureuil*
ká	*pangolin*	**ngómko̲lo̲**	*guépard*
kéma	*singe*	**ngo̲mbe̲**	*iguane, varan*
kó̲	*escargot*	**ngubú**	*hippopotame*
kósi	*rat, taupe*	**ngule̲**	*lézard*
kudubele	*gazelle*	**njo̲mbále̲**	*girafe*
mbanganjǒ̲	*chat tigre*	**njǒ̲**	*panthère*
mbendu	*renard*	**njo̲bú**	*civette*
mbindi	*biche*	**njo̲u**	*éléphant*
mbomboka	*crapeau*	**ñaka**	*bœuf*
mbódi	*chèvre*	**ñama-bwabá**	*serpent*
mbó̲	*chien*	**ñáti**	*buffle*
mbudi	*oryx*	**pakatóló**	*lapin*
mombe̲	*crocodile*	**púe**	*souris*
múdo̲ngi	*mouton*	**síngi**	*chat*
mukó̲ngé̲	*grenouille*	**sombo**	*gorille*
ngandó	*caïman*	**wúdu**	*tortue*

Les oiseaux : **lono̲n**

dibonga	*hirondelle*	**kobákobá**	*dindon*
dimwamwa	*pique-boeuf*	**mbela**	*aigle*
elela	*canard*	**mbengá**	*pigeon*
epas'ékoko	*tourterelle*	**mukopá**	*héron*
esē̲sē̲	*corbeau*	**munga**	*calao*
esukúdu	*hibou*	**mutáte̲ mbóa**	*moineau*
eyúngú	*aigle-pecheur*	**ndé̲ngú**	*chevalier*
idó	*colombe*	**ngo̲lé̲**	*cigogne*
ikwalé	*perdrix*	**ngoso**	*perroquet*
injángá	*pinson*	**njo̲kó̲lo̲mé̲**	*autruche*
isokólókó	*rossignol*	**só̲bú**	*comoran*
isududu	*fauvette*	**wámbo**	*pélican*
ito̲ko̲	*serin*	**wómbe**	*épervier*
kâṅ	*pintade*	**wúba**	*coq, poule*

Un jeu d'enfants très intéressant, consiste à citer quinze noms d'oiseaux différents, tandis que quelqu'un chante :

Dóm ééé na lótánu... dóm lá lono̲n na lótánu ... (*Quinze oh... quinze oiseaux... quinze oh... quinze oiseaux...*)
Et entre les pointillés, il faut citer rapidement un nom.

Les insectes : **betandá**

dibobe̲	*araignée*	**mpe̲ngiledi**	*limace*
dikélé	*sauterelle*	**mude̲kude̲ku**	*coccinelle*
dipómó	*guêpe*	**ndó̲mbí**	*abeille*
ekoñkoñ	*papillon*	**ngambí**	*mygale*
ekungú	*scarabé*	**ngingi**	*mouche*
epé̲pe̲njú	*cafard*	**ngo̲kó̲lo̲**	*mille- patte*
esĕ̲le̲	*cigale*	**sé̲le̲ké̲**	*termite*
lungu	*moustique*	**so̲nó̲**	*fourmi*

Les poissons : **súe**

duba	*raie*	**musódi**	*brochet*
ekéke̲	*disque*	**musó̲mbe̲**	*crevette*
epa	*alose*	**mwabó**	*brochet*
epiŏ̲	*dauphin*	**mwangatóndó**	*mâchoiron*
esoná	*huitre*	**ngópe**	*raie*
dibánga	*écrevisse*	**ngó̲we̲**	*barracuda*
dibundu	*carpe*	**ngúma**	*baleine*
diṅ	*poisson -chat*	**ngunú**	*silure*
mulo̲mbi	*la murène*	**nje̲mbú**	*maquereau*
njóngá	*poisson-scie*	**njo̲nji**	*baleine*
ngíá	*dorade*	**ñe̲ndi**	*coracin*
manga	*lamantin*	**ñó̲mó̲**	*sole*
mbeátoe̲	*crevette*	**samba**	*anchois*
moyo	*hareng*	**sê̲**	*capitaine*
mo̲ndê̲	*anguille*	**wangá**	*dorade*
mukanjo	*morue*	**yendá**	*mâchoiron*

Troisième partie :

Culture

Organisation et vie sociale

Les **losangos**, ou confréries régissaient autrefois toute l'organisation de la société. Le terme **losango**, est le pluriel de **isango** (diminutif de **musango**, *la paix*). Le rôle fondamental des confréries était de maintenir la cohésion sociale. Chacune avait un rôle bien déterminé : règlage des conflits, Religion, organisation des récoltes, relation de bon voisinage, justice, etc. Beaucoup de ces confréries ont été combattues par les colons, dans le but de désorganiser la société. Certaines ont pu se transformer en classe d'âge. D'autres dans le but de se préserver sont devenues sociétés secrètes, mais n'étaient plus d'aucune utilité à la communauté.

La communauté est formée de **matúmbá** (clans), divisés en **myebé** (sous-clans), eux-mêmes divisés en foyer (**míyo**). Par exemple, le clan **Bonaku** contient le sous-clan **Bonamikéngé**, qui contient à son tour le foyer **Bonambole**.

Les familles duala (*Ewale, Male, Bojongo*) qui ont pour terriroire traditionnelle la ville de Douala sont de trois principales grandes familles : les **Bonadoo** ou **Doo-Doo**, qui comprennent les clans Bonanjo, Bonabedi, Bonapriso, etc. ; les **Bonambela** (ou **Bonaku** ou **Akwa**), constitués de 20 clans ; et les **Bonebela** (ou **Ebele-Ebele** ou **Deido**), formés par 5 clans. Certaines familles sont issues de d'autres et s'en sont détachées, formant maintenant des clans à part entière.

Les noms des villages traditionnels

Ils commencent par **bona** (*gens de, famille*), et souvent portent les noms des ancêtres éponymes, ou fondateurs de ces villages, ou encore des femmes épouses de ces derniers. Exemple : Bonasama, Bonatéki, Bonalembe, Bonamwang, Bonendale, etc.

Bona désigne aussi un grand ensemble en général. Par exemple :

bato : *les gens*, **bonabato** : *l'humanité*
mbonji : *les fleurs*, **bonambonji** : *la flore*
ñama : *les animaux*, **bonañama** : *la faune*
súe : *les poissons*, **bonasúe** : *la faune aquatique*

Villages traditionnels douala le long du Wouri

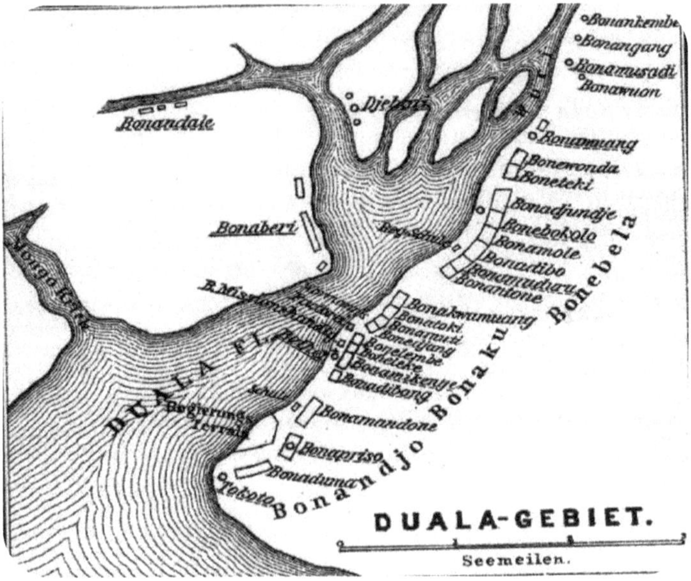

Vue aérienne de la ville de Douala (Google map)

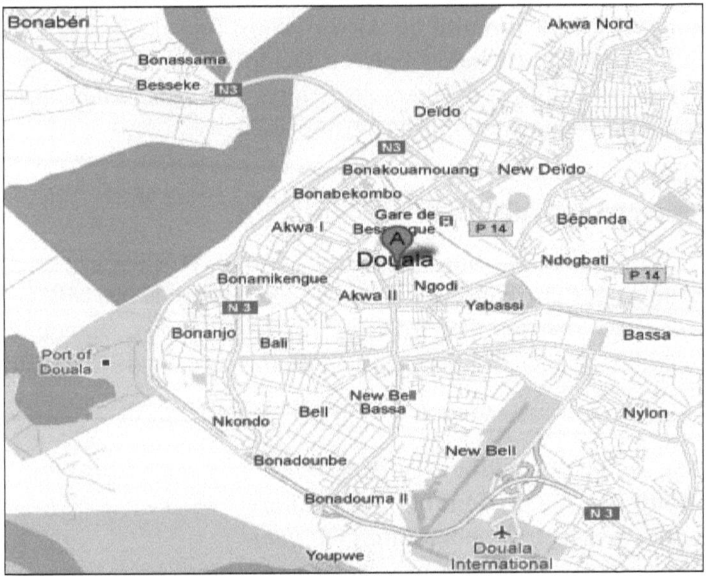

Les noms de famille

Un proverbe douala dit **Dína na bebolo**, *le nom va de pair avec les actes*, le choix est donc assez déterminant dans la personnalité. Les enfants sont souvent homonymes de leurs grands-parents, ou alors lorsque quelqu'un s'est fait remarquer par sa bravoure, dans une famille, on aime à donner son nom aux enfants qui naissent, dans l'espoir qu'ils suivent ses traces.

Le nom qui précède celui du père est le **díná lá mundi**, qui équivaut au prénom chez les occidentaux, le deuxième nom est celui du père. C'est le **díná lá mundi** (*prénom traditionnel*) que l'homme transmet à ses enfants. Et depuis la christianisation, on ajoute des prénoms chrétiens : **díná lá mukálá**, *nom de blanc*, soit *prénom*. Du coup le prénom traditionnel sert de nom de famille également.

Dans les actes de naissance, et tous les papiers officiels, il figure en tant que patronyme au côté du nom du père, ceci donne parfois l'impression que les bantous ont deux noms de famille. Auparavant, au moment du baptême, lorsque les prénoms n'étaient pas fréquents, on recevait un **díná lá dubise**, *nom de baptême*.

Exemple d'arbre généalogique imaginaire :

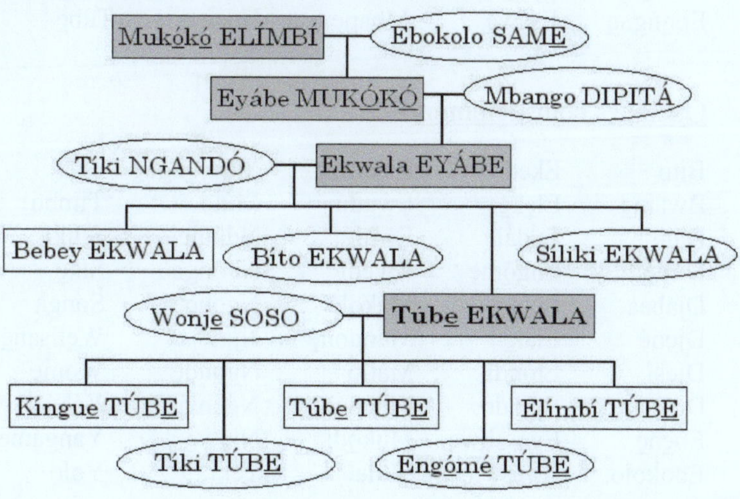

L’arbre généalogique se dit **ndánd’á mbia**. En voici un exemple, celui du personnage Tubè Ekwala, fils de Ekwala Eyabè, petit-fils de Eyabè Mukoko. Ses frères et sœurs auront des noms comme : Bebey Ekwala, Bito Ekwala, Siliki Ekwala. Par contre, les noms de ses enfants seront du type : Tiki Tubè, Kinguè Tubè, Elimbi Tubè, etc.

Le prénom est en minuscule, et le nom de famille en majuscule. On voit que d’une génération à l’autre, le prénom masculin devient un nom de famille, un peu comme s’il devenait à son tour mature.

Quelques noms masculins

Bebey	Eje̱nge̱le̱	Eyábe̱	Mbela	Ndumbe̱
Bé̱le̱	Ekume̱	Eyobo	Mbende̱	Ngandó
Bilé̱	Ekóngoló	Eyum	Misipo	Ngolo
Dibúsí	Eko̱lo̱	Kala	Muko̱kó̱	Ngoso
Dibótí	Ekwala	Kûm	Musango	Nte̱pe̱
Díká	Ekwe̱	Kwédí	Mpah	Ntoné̱
Dikótó	Elesa	Lóbe̱	Mpóndó	Priso
Din	Elímbí	Lo̱tin	Mpúlí	Same̱
Dipitá	Elólongé	Makake̱	Mwanjo	Sílo
Duálá	Epáñá	Mánga	Mwasó	Soso
Ebele̱	Epee̱	Masoma	Mwángué̱	Tangá
Ebo̱ngue̱	Esáwe̱	Mbape̱	Ndame̱	Túbe̱

Quelques noms féminins

Bito	Ekedí	Ewombe̱	Munjo̱ngué̱	Tíki
Bwáme̱	Ele̱ké̱	Ewudú	Múto	Timbo
Dálé	Endálé̱	Ewule̱	Ndóme̱	Síliki
Dimó̱di	Engó̱me̱	Kwédí	Ndóngo	Síke̱
Djabea	Epo̱to̱	Makoló	Ngo̱bo̱	Songá
Dje̱né̱	Etále̱	Mandone̱	Njai	We̱lisane̱
Dje̱sí	Etó̱ndí	Mátio	Ngo̱nde̱	Wonje̱
Do̱lisane̱	Eyíndo	Mbango	Ngúmá	Yábá
Ebé̱ñé̱	Eyombwe̱	Mukó̱di	Njowe̱	Yángámé̱n
Ebokolo	Ewesé	Múla	Tekí	Yolo

Les prénoms étrangers doualisés : Adele, Efa (*Eve*), Joss (*George*), Katarina (*Catherine*), K<u>ó</u>leti (*Colette*), Lukas (*Luc*), Mateo (*Mathieu*), María, Móse (*Moïse*), Olífe (*Olive*), Otíle (*Odile*), Rósa (*Rose*), Salóti (*Charlotte*), Yohán<u>e</u> (*Jean*), Yakóbo (*Jacques*), Yos<u>e</u>f (*Joseph*), Yúdidi (*Judith*) etc.

Pour en savoir plus, consulter le **Byalati ba 1500 mina**, un dictionnaire des 1500 noms côtiers, avec leurs significations, le volume 1 de ce livre publié en 2006 par Ebelè Ekwala Moïse, comporte 400 noms.

Les membres de la famille

tet<u>é</u>, sángó, papá : *papa, père,*
íya, íyo, iñí, ína, yey<u>e</u>, ñangó, mamá : *maman, mère*
múna : *enfant*
ndóm<u>e</u>, ndóm'á mumí : *frère*
ndóm<u>e</u>, ndóm'á múto, ári : *soeur*
mún'á tet<u>é</u>, múnáte, mún'á sángó : *frère/sœur paternel*
mún'á yey<u>e</u>, múnáye, mún'á ñangó : *frère/sœur (maternel)*
mún' á dibóngó : *enfant adoptif*
mún'á ñangó ñá bána na bána : *enfant qui grandit avec nous, mais qui n'est pas de notre famille*
molá, pánsadi, papá núsadi : *oncle*
mánsadi, mamá núsadi, ínsadi, antí, tántí : *tante, petite mère*
síta : *grande sœur, tante*
moña : *belle mère, belle fille*
moyó : *beau frère, voisin*
mukoa/ mbáñ : *coépouse*
mbáñ : *concubine*
mumí/momé : *époux, homme*
múnjá : *épouse, femme*
mbámb<u>é</u> : *grand-parent, ascendant*
ma'mbámb<u>é</u> : *grand-mère*
pa'mbámb<u>é</u> : *grand-père*
muláló : *cousin*
muladi : *petit-enfant*
ndílílí : *arrière petit-enfant*
ndalala : *arrière arrière petit-enfant, descendant*

Etymologie du nom Douala

Les sites sont en général désignés par le nom de leur fondateur, ou les activités qui s'y sont faites, ou l'élément géographique dominant (forêt, cours d'eau, montagne…), ou encore par décret.

Le nom Douala, dérive du nom d'Ewalè, ancêtre éponyme du peuple de cette ville, plus précisement du terme « **Du l'Éwálé̲** », *l'embouchure d'Ewalè*, ou encore «**Du l'Éwál'á Mbe̲di** », *l'embouchure d'Ewal'a Mbedi*, [Ewalè de Mbèdi].
A mesure des contractions dans la langue, on a obtenu les appellations **Duwál'á Mbe̲di**, **Du'wál'á Mbe̲di**, qui est devenu finalement **Duwálé̲**, **Duálá**.

Le nom de la ville de Douala a été changé par un décret colonial des allemands du 1er janvier 1901 en « *Kamerunstad* », nom maintenu par les anglais sous la forme « *Cameroons town* ». Puis la ville a repris son nom d'origine, qu'elle portait depuis la deuxième moitié du XVIème siècle.

La naissance

Lors de la naissance d'un enfant, il était coutume d'offrir beaucoup de cadeaux à la mère, et d'organiser une fête appelée **musoso mwá yádí**. Le terme **musoso** provient des apocopes de **some̲le̲** : *souhaiter, adresser des vœux*, et **sombise̲** : *fêter, se réjouir*, et **yádí** signifie l'accouchement.

Les membres de la famille rendent régulièrement visite à la mère, et une tante, grand-mère, etc. assistent la mère durant les premières semaines de vie du bébé, cette période s'appelle **muñángadí**. La mère doit se masser le ventre à l'eau chaude, pour qu'il diminue en volume.

Les garçons sont circoncis en bas âge. La circoncision se dit **bwéndi**.

Le mariage

Le mariage se passe en plusieurs étapes. Le jeune homme choisit sa fiancée.

Jumba lá jombe (*frapper à la porte*) : le jeune homme se présente à la famille de la jeune fille, avec une bouteille de whisky et quelques présents..

Téle lá ewándé : ouverture des fiançailles, une première liste de cadeau est remise au cours d'une visite officielle qui a lieu en présence d'un certain nombre de représentants des deux familles.

Ekwád'á dibâ (*l'affaire du mariage*) : la dot à donner à la famille de la mariée se définit à ce moment là.

Dá lá túmbá : le clan dont est issue la jeune fille, et les doyens (hommes) se partagent les biens reçus.

Les femmes du clan quant à elles, recoivent le **wáng'á bíto**, *sel des femmes*, comme son nom l'indique, ce sont des sacs de sels qui étaient autrefois remis à la famille de la mariée, car cela permettait surtout de conserver les aliments, mais de nos jours d'autres présents peuvent être donnés à la place.

Donner sa fille en mariage se dit **bále múto**, *prêter une femme*. La dot versée à un père par les époux de ses filles pouvait lui servir à son tour à payer les dots aux familles de ses brus. Et s'il arrivait que la femme refuse le mariage, sa famille devait rembourser la dot fraîchement reçue pour permettre au jeune homme d'épouser une autre femme.

En principe, le mariage coutumier ne peut avoir lieu qu'après le versement total de la dot, et il doit précéder le mariage civil, et religieux. Un mariage où le prétendant n'a pas versé de dot à la famille de la mariée, appelé **dibá lá téte**, *mariage pour rien*, n'est pas considéré aux yeux de la tradition, sinon comme un simple concubinage, et la famille du mari a des droits limités sur les éventuels enfants, ce n'est par exemple pas elle qui recevra la dot des filles.

Mais au niveau de la législation du pays, les droits sont équivalents pour tous les mariages, avec ou sans dot.

Le repas, gâteau de mariage, est le **mukón mwá ngondó**, met de pistaches avec de la viande, du poisson fumé, etc. En plus autres spécialités culinaires locales.

Lors de la célébration du mariage, danses traditionnelles sont de mise, et les tambours dont l'incontournable air de l'Abélé, qui s'accompagne souvent de paroles quelque peu taquines.

Extrait de chant : l'Abélé

Nú mún'á mbóa dí sengínó myangó ná a sí ma bábe só, mó ndé a bábe nâ, mó ndé muñenge mu énó …
-A múto o m'ala e ? mó ná : ee !
-A múmi o m'ala e ? mó ná : ee ! ate ndóló e káki mbá !
Ngondó e béi, múto pé a béi.
Mún'âm ñá ngoá nú e, oho, mún'âm ñá ngoá nú e!
O bóngwa só ndé mó, e bíá bé á timbá isédu, mún'âm ñá ngoá nú e!
Mbálé, di ma kwálá ndé ná : Ayo mún'ásū e !
ebánjá nga njai ndé e ménde bole mó a wó, ndé moní pe mú bê !
A múná múto sóma bisó e, di'á wolo bosó bó kákám, nga ndímá méné nî ?

Cette fille du pays, dont nous avions cru comprendre qu'elle n'est pas mariée, la voilà en train d'aller en mariage, c'est pourquoi il y a de la joie.
- femme tu y vas ? Elle répond « oui ! »
- homme tu y vas ? Il répond « oui, je suis fou d'amour ! »
Le gâteau de pistache est cuit, la femme aussi.
Voici notre fille avec un embonpoint. Prends en soin, afin, qu'elle ne devienne pas maigre comme un lièvre. Vraiment, nous sommes inquiets, car peut être c'est la faim qui la tuera, alors qu'il y a de l'argent, prends en soin !
Jeune femme, salue-nous, nous sommes fatigués de la grise mine que tu fais, est-ce là un manque de bienséance?

Le veuvage

La veuve du défunt (**mukúsa**), à qui on coupe les cheveux, doit porter le deuil pendant une période plus ou moins longue, qui porte le nom de **malebo**, du verbe **lebe**, *se lamenter, s'affliger en signe de tristesse, porter le deuil.*

Les veuves doivent porter des habits de couleur bleu nuit appelés **ndútú**. Neuf jours après le décès, on a le **dibuá**, *neuvaine*, où il est coutume de faire des prières pour le défunt.

Le Ngondo

Il fut une institution religieuse et sociale, crée pour regler les conflits, les litiges, ou trancher quant à tout ce qui concerne le fonctionnement de la société (taxes, mariages, naissance, cultures vivrières, pêche, voisinage, relations avec l'extérieur…) Il fut aussi une institution politique, lorsqu'au début du XXème siècle, il signait des pétitions à l'ONU pour l'indépendance du Cameroun.

Aujourd'hui, il est plus considéré comme une fête traditionnelle, l'occasion pour le peuple sáwá de se rassembler une fois l'an. La partie folklorique de la fête comprend : des courses de pirogues, des représentations théatrales, des danses et des musiques traditionnelles, la présentation de la gastronomie locale, ainsi que l'élection d'une **tole**, *la miss Ngondo*. Il y a également une compétition de lutte traditionnelle, appelée **besua**, dans laquelle on élit un **ngum**, *champion*. L'autre partie de la fête comporte des rites des eaux, ce qui n'est pas en adéquation avec la Bible. La population pourtant majoritairement chrétienne, se livrent ainsi, consciemment ou pas, au syncrétisme, qui est un problème majeur dans toutes les sociétés africaines et même du monde aujourd'hui.

Religion et croyance

Les Douala sont un peuple monothéiste, comme beaucoup de leurs frères bantous. Dieu se nomme **Ñambé**, **Ñamb'á Kwa Dibenga** : *Dieu de la justice éternelle...* En effet, **Dibenga** qui signifie l'éternité, qui provient du verbe **benga** : *être toujours, perdurer*.

Le nom de Dieu est très présent dans le vocabulaire, on le retrouve en l'occurrence dans l'expression « **nje e tusè ?** » Réponse : **Ñambé**, elle signifie « *Qu'est ce qui absolu* ». Et bien évidemment, la réponse c'est *Dieu*. Nyambé a de nombreux attributs : **Nyamb'éweka**, *le Créateur*, **Nyamb'á Kwa**, *le Justicier*, **Nyamb'á Dibenga**, *l'Eternel, celui qui ne cesse jamais d'Être*, **Nyambé Mubúkedi**, *le Vainqueur*, **Nyamb'á Ngum**, *le Tout-Puissant, etc.*

Dans la Bible en douala, le mot « Dieu » a été traduit par **Loba**, *divinité*, qui vient du mot **Lobe̱**, *Ciel*. Et le plus souvent aussi, on y trouve l'appelation **Yehova** (Jéhovah). Le terme **Lóba** correspond **Job** en bassa, et **Yob** en ewondo. Mais l'appelation de Dieu en douala est « **Nyambé** » ou « **Njambè** », qui signifie « *Celui qui est* » (**nja nu bè, nja'n bè**).

Par contre, dans la traduction de la Bible en langue bassa, des décennies plus tard, le nom **Nyambè** figure bien pour dire *Dieu*, comme c'est le cas dans les autres langues bantoues : **Nzambi** (Kikongo), **Nzambe** (Lingala) **Zambe** (Ewondo), et à l'est de la Côte d'Ivoire et au Ghana, on a les mots **Nyamè** (Akan), **Nyamien** (Agni), etc. pour désigner Dieu.

Christianisme

Les Missionaires

- ✓ ***Joseph Merrick***

Le tout premier missionaire chrétien au Cameroun fut Joseph Merrick. Né en août 1808 en Jamaïque, il fut ordonné missionaire en 1838, puis envoyé par la Société des Missionaires Baptistes de Londres, il arriva à l'Ile de Fernando Poo en 1943. Un an plus tard, assisté par le pasteur Joseph Jackson Fuller, il établit une Mission Baptiste à Bimbia, dans le Sud-Ouest du Cameroun, en pays Isubu.

Il traduisit des parties du Nouveau Testament en langue Isubu, une autre variante du douala. Il installa aussi une machine à fabriquer des briques, et une imprimerie, qui lui servit pour la publication des parties de la Bible qu'il avait traduites, ainsi qu'un manuel pour l'enseignement de la langue Isubu. Il décèdera le 22 octobre 1849, suite à une maladie. Joseph Fuller continua l'œuvre à la Mission de Bimbia. Un collège baptiste porte le Nom de Joseph Merrick dans la Ville de Ndu, dans la province du Nord-Ouest.

✓ ***Alfred Saker***

Né le 21 juillet 1814 à Wrotham au Royaume-Uni, c'est en 1845 que Alfred Saker arrive dans l'embouchure du fleuve Wouri.

Il était envoyé de la Mission Baptiste de Londres. Inspiré par le pays, il tenta de convaincre le gouvernement britannique d'y fonder une colonie. Saker fonda la ville de Victoria (aujourd'hui Limbé) en 1858, dans le Sud-Ouest.

Dans ses efforts d'évangilisation, il dirigea la traduction la Bible en langue douala, s'inspirant des travaux de Joseph Merrick sur la grammaire de la langue isubu. Il fut aidé par des pasteurs locaux tels que Joseph Ekollo, Martin Itondo Ngango, entre autres, la traduction de la Bible, dite **Betilédí Bá Bosangí**, (Saintes Ecritures) fut achevée en 1872.

Il mourut le 12 mars 1880 à Peckham. Aujourd'hui, un collège de Douala porte son nom : le Collège Alfred Saker, situé à Bonamuduru-Deido. De même un centre de santé porte le nom de sa fille, Emilie Saker. Quant à son épouse, Ellen Saker, elle fut très impliqué dans la vie sociale des femmes, leur apprenant notamment la couture avec des machines modernes, cela a contribué à l'avènement du kaba, longue robe de pagne.

La traduction de la Bible en douala a commencé par le Nouveau Testament. En 1848, l'Evangile de Matthieu, **Kalat'a Matéo** a été publié, puis en 1862, tous les 27 livres du Nouveau Testament. L'Ancien Testament a été achevé en 1872 donc, les 39 livres ont été publiés ensembles sous le titre de **Betilédí : Kálati yá Lóba ó Mbú má kwaṅ**, *Ecritures : Livre de Dieu dans les Temps Passés*.

Plus tard, d'autres livres écclesiastiques ont été publiés, tels que **Besesedi ba Yehowa**, *les louanges de Yéhova,* ouvrage poétique écrit en 1896 par le pasteur baptiste Yoshua Dibundu, ou encore **Myenge na Yesuya**, *Psaumes et Esafe*, écrit en 1933 par Martin Itondo.

Theodor Christaller, fils du missionnaire de Côte d'Or Johannes G. Christaller, publia en 1892 à Bâle un manuel d'apprentissage du douala, *Handbuch der Dualasprache*, il fut chargé par la Mission de l'organisation d'un programme d'enseignement de la langue.

Paul Helmlinger, Martin Itondo et Gottlieb Munz Dibundu, le fils cadet de Yoshua Dibundu, ont aussi publié en 1954 un petit manuel d'apprentissage du douala, il s'agit du **Nimele bolo**, *pousse la pirogue.*

✓ ***Autres missionaires locaux.***

Munz Dibundu a évangélisé le pays Banen, Adolf Lottin'a Samè a évangélisé le Pays Abo, notamment le village de Mangamba.

Les peuples colonisés ont généralement embrassé la religion de la métropole coloniale. Mais la limite entre colons et missionaires a quelquefois été floue. Il y a parfois eu des tensions, et de nombreux pasteurs locaux emprisonnés. C'est un fait, les colons ont souvent fait usage de la religion pour asseoir leur pouvoir. Ce détournement de l'Evangile à des fins impérialistes a fait de dégâts, loin de son but initial.

Les premiers bâtiments d'Eglise construits

Le premier grand bâtiment a été construit en 1845 à Akwa, et est appelé aujourd'hui *le Centenaire*, en raison de son 100ème anniversaire, fêté en 1945, par la *Baptist Missionary Society of London*. D'autres temples ont ensuite été bâtis, dont celui de Bonaduma, en 1888, mais aujourd'hui disparu, celui de Bonalembè en 1899, par les missionaires baptistes de Berlin.

Temple de Bonalembè (Akwa, 1899)

Religion aujourd'hui

Aujourd'hui, la majorité des Douala sont de religion protestante. On y distingue les baptistes, communautée héritée des missionaires de la *Baptist Mission* de Londres, et les luthériens, dits « **Basel** », d'après le nom de la ville suisse de Bâle, dont les missionaires poursuivirent l'évangélisation après les Anglais.

Il existe une autre variante de l'Eglise baptiste, dite **Nitif** (*Native Baptist Churh*), fondée en 1849 par le pasteur **Adolph Lotin'a Samè** (photo).
Cette église fut combattue par les missionaires de Bâle, dont elle réfutait l'autorité, affirmant son autonomie et une identité propre.

Plus tard, son fondateur fut incarcéré et maltraité, notament lorsqu'il écrivit aux Nations Unies pour demander l'indépendance du Cameroun. Il avait auparavant correspondu avec le pasteur Marcus Garvey. Son épouse était enceinte lors de son arrestation. Elle eut donc un fils que l'on nomma **Eboa' Lotin Emmanuel**, en souvenir de l'incarcération de son père. **Eboa** signifie *la prison*, Il fut un musicien et poète douala, connu dans toute l'Afrique.

Mission catholique

Le catholicisme est arrivé au Cameroun environ 50 ans après le protestantisme. Aujourd'hui, on compte environ 10 à 20% de catholiques parmi les Douala.

Historique

Sous le pontificat de Grégoire XVI (1831-1946), fut créée la préfecture apostolique des deux Guinées, qui devint ensuite un vicariat, avec à sa tête Mgr Le Berre. Ce vicariat fut divisé en deux sous Pie IX (1946-1978), ainsi le vicariat apostolique du Gabon vit le jour en 6 février 1863.

Vingt ans plus tard, sous de pontificat de Léon XII (1878-1903), Stephan Szole Rogozinski et Janikowski, des explorateurs et commerçants polonais installés à Bota près de Limbé, demandèrent à Mgr Le Berre l'envoi de missionnaires au Cameroun, mettant leurs terres à disposition. Et le 11 novembre 1883, les pères Bichet et Davezac, issus de la congrégation du Saint-Esprit (spiritains), arrivèrent au Cameroun, et tentèrent de s'établir Bonabéri à Douala et Bota à Limbé. Mais les Allemands, désormais puissance coloniale du Cameroun, suite au traité germano-duala de 1884, ne voyaient pas d'une très bon œil l'installation de missionnaires non-germaniques.

Face aux pressions du chancelier Bismark, le pape Léon XII nomma finalement le 20 juillet 1890 le père Heinrich Vieter, pallottin issu de la mission Saint-Vincent Pallotti d'Italie, à la tête de la préfecture apostolique du Cameroun, créée 4 mois plutôt. Ce dernier quitta Hambourg le 1er octobre 1890, et arriva au Cameroun le 25 octobre, accompagné de sept autres apôtres catholiques, de la même congrégation : le Révérend père Georg Walter et les frères : Klosterknecht, Georg Moor, Robert Ulrich, Joseph Hofer, Hermann Franz et Joseph Hierl.

La première messe en terre camerounaise fut dite à Belldorf (Bonabéri à Douala) le lendemain de l'arrivée des pères pallotins. Mais le père Vieter installa sa Mission 8 décembre 1890 sur les rives de la Sanaga, sur une coline située sur les terres du chef Toko, dans village d'Elog-Ngango. Il la nomma

« **Marienberg** », la *Montagne de Marie*. L'église du Cameroun fut alors consacrée à Marie Reine des Apôtres. Les quinze premiers baptêmes à Marienberg furent administrés par le père Georg Walter à noël 1891.

Le tout premier baptisé catholique du Cameroun fut le dénommé **Kwa Mbanguè**, né en 1873, originaire du village de Bona Kouamouang à Akwa.

Il arriva en Allemagne pour une formation de boulanger en 1888, en compagnie de Mpondo Akwa entre autres. Il fut baptisé le 6 janvier 1889 à l'église d'Eresing en Bavière, par Mgr Pietro Guidi, alors chargé d'affaires à la nonciature de Munich.

Suite à son baptème il devint **Andréas Ludwig Johann Maria Kwa Mbanguè**. Il eut pour parrain le député Ludwig Windthorst, adversaire politique de Bismark, et pour marraine l'écrivaine Munichoise Emilie Ringeis.

Catéchiste, diacre et enseignant, il oeuvra à l'évangélisation aux côtés des 8 premiers missionnaires catholiques, et il servit d'interprête et de moniteur de 1891 à 1901 à Marienberg, puis à Edéa. Il participa à la traduction en langue douala de plusieurs textes liturgiques. Le 5 Décembre 1912, il fut présent à la pose de la première pierre de l'Evêché de Douala, aux côtés du père Vieter, entre autres.

Andreas Kwa Mbanguè mourut le 16 aout 1932. Il fut par ailleurs le grand-père maternel d'**André Nganguè**, homme de culture et journaliste, qui présenta pendant de nombreusess années à Radio Douala (**Elímb'á Dikálo yá Kamerun**) une émisssion en langue douala, consacrée à la culture, la musique et les traditions.

Les prières

Muka mwá sángo : Notre Père

A teté̱ ñásū ñé ó mó̱ñ	*Notre père qui es aux cieux*
Dína ló̱ngō̱ dí dúbabe̱	*Que ton nom soit sanctifié*
Janea ló̱ngō̱ dí ye	*Que ton règne vienne*
Jémea ló̱ngō̱ dí bolane̱ ó wásē	*Que ta volonté soit faite sur la terre*
Kaná jéno̱ mó̱ñ	*Comme au ciel*
Bolá bisó̱ dá wé̱ngē̱	*Donne-nous aujourd'hui*
Kaná míñá mé̱sē̱	*Notre pain de ce jour*
Lakísé̱ mawusé̱ másū	*Pardonne-nous nos offenses*
Kaná bisó̱ pé̱ dí má lakise̱nó̱ mawusé̱ má bâ, bá má wusanĕ̱ bisó̱	*Comme nous pardonnons aussi à ceux qui nous ont offensé*
O sí dié̱lé̱ bisó̱ makekisan	*Et ne nous soumets pas à la tentation*
Ndé sungá bisó̱ ó bobé	*Mais délivre-nous du mal*
Ebánjá janea lé ndé ló̱ngō̱ , na ngíña, na sesa.	*Car c'est à toi qu'appartiennent le règne, la puissance et la gloire*
Bebe bé̱sē̱. Amen	*Pour les siècles des siècles. Amen.*

María Bosángí : Ave Maria

Muyaó, á María	*Je vous salue Marie*
O lóndi na minam	*Pleine de grâces*
Nú Sángó e na oa	*Le Seigneur est avec vous*
O namísábe̱ ó téten'a bíto	*Vous êtes bénie entre toutes les femmes*
Na epum'á dibum lóngō̱	*Et Jésus, le fruit de vos*
Yésu pé̱ a namísábe̱	*entrailles, est béni*
A María' Bosángí, ñangó'á Lóba	*Sainte Marie, Mère de Dieu*
Akwáné̱ óñól'ásū, baboledi bá myobé	*Priez pour nous pauvres pécheurs*
Tatánu, na ó pónd'ásū ñá kwédí . Amen	*Maintenant et à l'heure de notre mort. Amen.*

Pusele la bonakristo : Symbole des apôtres

Na dúbé Lóba	*Je crois en Dieu*
Teté ñá ngum	*Le père tout-puissant*
Muweked'a móñ na wásē	*Créateur du ciel et de la terre*
Na dúbé Yésu Krísto	*Je crois en Jésus Christ*
Mpom má mún'á Lóba, Sángó' ásū	*Son fils unique , notre Seigneur*
Nú tá nú nongóbé déme na Mudî Músángí	*Qui a été conçu du Saint-Esprit*
Nú yábe na ngondédi María	*Et qui est né de la vierge Marie*
Nú takí o wás'á Ponto Piláto	*Il a souffert sous Ponce Pilate*
Nú bomábélé ó mbásá	*Il a été crucifié*
Nú wédí, nú pulámé	*Il est mort, il a été enseveli*
Nú sibí ó mundi má kwédí	*Il est descendu aux enfers*
Nde sú ilálo	*Le troisième jour*
A pumbwa pé	*Il est réssucité des morts*
Ñábó ó moñ	*Il est monté au ciel*
Nú jai ó diá lá mǒm lá Lóba	*Il siège à la droite de Dieu*
Teté ñá ngum	*Le père tout puissant*
Na ó wa, a mendé po	*Il viendra de là*
káise bápéñá na báwédí	*Pour juger les vivants et les morts*
Na dúbé Mudî Músángí	*Je crois en l'Esprit-Saint*
Na Mwembá má Bonakrísto Músángí Mú jái wúma na wúma	*Je crois en la Sainte Eglise universelle / catholique*
Mwéná mwé latane lá basángedi	*La communion des saints*
Na lakise lá myobé	*La rémission des péchés*
Na pumbwa l'éyobo	*La résurrection de la chair*
Na longé lá bwindea. Amen	*Et la vie éternelle. Amen*

Les livres de la Bible en douala

Malé má Kwaṅ : Ancien Testament

Bebotedi	*Genèse*	**Mwenge mwa bonamyenge**	*Cantique des cantiques*
Bebusedi	*Exode*		
Levitiko	*Lévitique*	**Yesaya**	*Esaïe*
Misongi	*Nombres*	**Yeremia**	*Jérémie*
Ndimbisedi	*Deutéronome*	**Madoi ma mbembe**	*lamentations*
Yosua	*Josué*		
Bakaisedi	*Juges*	**Hesekiel**	*Ezéchiel*
Rut	*Ruth*	**Daniel**	*Daniel*
I Samuel	*I Samuel*	**Hosea**	*Osée*
II Samuel	*II Samuel*	**Yoel**	*Joel*
I kiṅe	*I Rois*	**Amos**	*Amos*
II kiṅe	*II Rois*	**Obaja**	*Abdias*
I Myango	*I Chroniques*	**Yona**	*Jonas*
II Myango	*II Chroniques*	**Mika**	*Michée*
Esra	*Esdras*	**Nahum**	*Nahum*
Nehemia	*Néhémie*	**Habakuk**	*Habaquq*
Ester	*Esther*	**Sefaña**	*Sophonie*
Hiob	*Job*	**Hagai**	*Aggée*
Myenge	*Psaumes*	**Sakaria**	*Zacharie*
Minia	*Proverbes*	**Maleaki**	*Malachie*
Mulangwedi	*Ecclésiaste*		

Malé má Péña : Nouveau Testament

Mateo	*Matthieu*	**I Timoteo**	*I Timothée*
Marko	*Marc*	**II Timoteo**	*II Timothée*
Lukas	*Luc*	**Tito**	*Tite*
Yohane	*Jean*	**Filemenon**	*Philémon*
Bebolo	*Actes*	**Bonaherber**	*Hébreux*
Roma	*Romains*	**Yakobo**	*Jacques*
I Korinto	*I Corinthiens*	**I Petro**	I Pierre
II Korinto	*II Corinthiens*	**II Petro**	II Pierre
Galatia	*Galates*	**I Yohane**	I Jean
Efeso	*Ephésiens*	**II Yohane**	II Jean
Filipi	*Philippiens*	**III Yohane**	III Jean
Kolose	*Colossiens*	**Yuda**	Jude
I Tesalonika	*I Théssaloniciens*	**Bebīsedi**	Révélation
II Tesalonika	*II Théssaloniciens*		

Myenge ma Bonakristo : chants chrétiens

C'est un ouvrage de chants chrétiens en douala, dont beaucoup sont traduits de l'allemand. Sa $7^{\text{ème}}$ édition date de 1975. Il est très utilisé lors des messes en douala.

Le pasteur Adolphe Lotin'a samè composa de nombreux cantiques en douala, tout comme Daniel Doumbè Eyango, et beaucoup d'autres après eux.

Chant du Nouvel An

Composé par Paul Lembè, ce chant s'entonne en général à 23h45 dans les églises, lors de la veillée du 31 décembre au 1er Janvier. A minuit pille, le peuple s'écrit « **mbú e !** », *l'an !*

Strophe 1 (×2)

Ó bosó, ó bosó ! Dangwá na eló̱ngi !
En avant, en avant ! Marche en chantant !
Ó wé̱nge̱, búñá bwá muñe̱nge̱.
Aujourd'hui, jour de joie.
Á makó̱m ó Sángó, Tómbá na esímo.
Chers amis dans le Seigneur, Passez avec triomphe.
Jíngea ó mbú mwá péñá.
Pour entrer dans la nouvelle année.

Refrain

Tómba ! Á mbú mw'édun
Passe ! Année ancienne
Tómbáne̱ ndutu ! Díáne̱ sese !
Emporte les peines ! Reste avec les douleurs !
Á mbú mw'édun !
Ô toi veille année !
Ya ! Mbú mwá péñá ! Wáná misimá !
Viens ! Nouvelle année ! Apporte des chances !
Kómá bonam bá mbú mwá péñá
Déverse la bénédiction de la nouvelle année

Strophe 2

Musímá na bésē bá kusí ndedí
Heureux tous ceux qui ont reçu la grâce
Ó jéne pé té mbú mwá péñá
De voir encore le nouvel an
Jíta bá sí weli pé bé na bisó
Beaucoup n'ont pas pu être avec nous
Ó sombisane mbú mwá bwam !
Pour célébrer la nouvelle année

Refrain

Mbú e ! Mbú mwá bwam e !
L'année ! Bonne année !

La littérature

La littérature traditionnelle des peuples bantous est riche est variée, elle comporte aussi bien des contes, des comptines, des devinettes, des proverbes, des chants, que des récits épiques ou historiques. Elle est en général orale, et comprend aussi la communication par les tambours.

L'épopée **Jékí lá Njambé**, qui se conte le long de la côte camerounaise, est un des récit épique qui a su traverser les générations en gardant son authenticité.

La littérature écrite moderne camerounaise c'est d'abord faite en douala, et fut essentiellement religieuse. La période coloniale anglo-allemande fut particulièrement profilique en ouvrages religieux, dictionnaires, et autres livres de langues. Ensuite, beaucoup d'auteurs francophones ont pris le relais de la plume : Elolongué Epanya Yondo, Francis Bebey, Lydie Dooh-Bunya, pour ne citer que ceux-là.

Hymne national camerounais

(Blason du Cameroun)

O Cameroun berceau de nos ancêtres
A Kamerun, ekombo'á bambámbé̲
Va debout, et jaloux de ta liberté
Dangwá ó bosó na ko̲d'á ní wonj'angó̲
Comme un soleil ton drapeau fier doit être
Ka elólómbé, dibato ló̲ngō̲ lá ñungu di e ndé
Un symbole ardent de foi et d'unité.
Eyembilan'á jémea na mulatáko.
Que tous tes enfants du Nord au Sud
Báná bó̲ngō̲ bé ó Póngó na Mikóndo
De l'Est à l'Ouest soient tout amour !
Ó Jedú na ó Mbe̲nge̲ bá to̲ndo̲nĕ̲ !
Te servir que ce soit leur seul but
Bé̲sē̲ bá wase ndé bolea oa
Pour remplir leur devoir toujours!
Ná bá lóndise̲ ebol'ābū

refrain
Chère Patrie, terre chérie
Ekombo'ásū di tó̲ndinó̲
Tu es notre seul et vrai bonheur
Oa mé̲nē̲ ndé o e bisó̲ bonam
Notre joie et notre vie
Muñe̲nge̲ mwásū na longé̲ lásū
A toi l'amour et le grand honneur !
Ndóló na edúbe bá bé̲ na oa !

Le Tet'Ekombo : Père de la nation

Le titre de **Tet'Ekombo**, *père de la nation*, désigne la personne de Rudolph Douala Manga Bell, Fils du roi Manga Ndoumbè, des Bèlè-Bèlè, une composante majeure du peuple douala.

A l'aube du XIXème siècle, Les Allemands, afin de mieux asseoir leur présence dans le golfe de Guinée, prévoient de bâtir une ville européenne au cœur de l'embouchure du Cameroun. Pour cela, ils envisagent d'exproprier les autochtones douala, et de les réinstaller derrière la ville, dans de nouveaux quartiers, New Bell, new Akwa et New Deido.

Pour une voix de colon allemand , il fallait cent voix douala. Or les femmes, les enfants et les vieillards n'avaient point le droit de vote, seules les personnes dites « valides » l'avaient, sachant que les critères de validité étaient définis par les allemands. A cette époque, le peuple faisait à peu près 27.000 âmes.

Ayant compris que le nombre faisait défaut, Douala Manga Bell entreprit de rallier un maximum de peuples à sa cause afin de chasser les colons. Il alla ainsi rencontrer les chefs des tribus de l'intérieur du Cameroun, dont Njoya, sultan des Bamoun. Mais ce dernier alla rendre compte aux Allemands des intensions de Douala Manga, leur donnant ainsi un alibi pour l'éliminer.

Il eut la possibilité de s'enfuir, mais pour éviter d'imminentes représailles contre le peuple, il choisit de se rendre. **Jémea nat̲ena kwédí** : *volontaire jusqu'au bout.* Il fut pendu le 8 aout 1914, agé de 42 ans, en compagnie de Ngosso Din, son secrétaire.

Extrait du chant de Tet'ekombo

Tet'ékombo, sángó'ékombo
Tet'ékombo, père de la nation
Di m'eyá oa. Di má l̲ebé̲ oa
Nous te pleurons. Nous portons ton deuil

O sibáne̱ ekomb'ángo̱ na bo̱ti
Tu es mort pour ton pays
Oa mé̱né̱ pé̱ téten'a diko̱tí
Tu t'es donné en rançon
Po̱ ángo̱ ñá ngum só̱ ndé e nangá wásē nan
Voici couché ton sabre de vainqueur
Aba ! Nga njá só̱ nú má po̱nde̱ mó̱ ?
Qui donc le ramassera ?

Proverbes

Bá sí ma bambé̱ esánj'á ndóngó na mbúa : *on ne porte pas un panier de piment sous la pluie.*

Bá sí ma toa madíbá n'esánjá, ndé na mulongá : *on ne puise pas l'eau avec un panier, mais avec un sceau.*

Bá sí m'umbá masáo na diá diwó̱ : *on n' applaudit pas avec une seule main.*

Ino̱n'á mudumbu e sí ma lóngá dúmbú : *l'oiseau bavard ne fait pas de nid*

Ino̱n í s'embi té̱ ebongó, í sí ma té̱mé̱ ó ten : *quand un oiseau ne reconnait pas un arbre, il ne se pose pas dessus.*

Kwaṅ ndé e yáí péñá : *le passé enfante le présent.*

Lungu e sí m'alá ó wé̱nī dimuti dí m'umbanó̱ masáo : *le moustique ne va pas où la foule applaudit.*

Madibá má sí m'ala má díá súe : *l'eau ne s'en va pas en laissant les poissons, on n'abandonne jamais ceux qui nous sont très chers.*

Myo̱pí mé̱sē̱ mí m'ondéá ó múnja : *tous les fleuves convergent vers la mer, nul n'échappe à son destin.*

Ngo̱kó̱lo̱ mó̱ ná : lo̱ndo̱ lé ndé idiba : *le mille-pattes dit : le voyage c'est tôt le matin. Un grand travail doit commencer tôt.*

O maló̱ndó̱ té̱ mbó̱, o s'áléá ebongó : *si tu veux attirer le chien, ne tiens pas un bâton .*

Títímbe̱ e ma wáná tombwane̱ : *la persévérance est bénéfique.*

Contes, comptines et poèmes

Le conte tient une place de choix, notamment dans l'éducation, par la moralité qu'il contient. On peut éventuellement rencontrer beaucoup d'expressions codées. Pour commencer un récit, le conteur dit traditionnellement **Engingila ye ?** et ceux qui écoutent, répondent : **Ewésé !**

ngila signifie le *lion*, et **Ewesé** *l'os* !

Les contes sont en général accompagnés de chants, et se terminent par un proverbe ou une parole de sagesse,**eléédí**.

Exemple de conte

Njǒ̱ na Mwéme̱ : *la panthère et la chauve-souris*

Njai e tá ní'aléá njǒ̱ pó̱ jíta. Ó̱ bupe̱ láō lá ñama á do̱línó̱ dá, e timbí po̱ ó tíná bwelé pó̱. É pálé̱nó̱ míso̱ mó̱ñ'á bó bwelé, na mó̱ é̱né̱ mwéme̱ mú panáme̱ ó mukanjo mwá bó bwelé, mú e ó ye̱ngilane̱ na ngǒ̱.

Ó wá ndé njǒ̱ ní'o̱ngé̱le̱nó̱ ná kaná mûn mwéme̱ mú me̱nde̱nó̱ ó kó̱ ó wásē son'a póndá, é tití pé̱ njo̱m ó mó̱ takise̱ ñólo bupe̱ yíné̱ ñama. A'engé̱le̱ natē̱ , púla ná mwéme̱ mú kó̱ ó wásē, mú si kó̱.

Búñá bó timbí só̱ wíndea njǒ̱ ó wá wúma, na mó̱ é timbá bó̱lo̱ne̱ ñama é tánó̱ é bupe̱ , to̱ mwéme̱ pé̱ e si kusé.

Ó wá ndé Duálá bá so̱ínó̱ munia ná : « *jenge̱le̱ lá mwéme̱ dí timbí bola njǒ̱ á bó̱ló̱né̱ bwéma.* »

Ndutu na mapo̱ko̱, bwála pé̱ na njai !

Une panthère était très affamée. Poursuivant la proie qu'elle devait manger, elle finit par arriver au pied d'un arbre. Ayant levé les yeux sur l'arbre, elle vit une chauve souris accrochée à une branche et balance par le vent.

Alors elle pensa qu'étant donné que cette chauve-souris tomberait bientôt par terre, ce n'était plus la peine de se déranger pour pousuivre d'autres animaux. Elle attendit longtemps que la chauve-souris tombât, et celle-ci ne tombait pas.

L'obscurité finit par s'abattre sur la panthère restée encore là; elle perdit l'animal qu'elle poursuivait et n'attrapa pas non plus la chauve-souris.

C'est ainsi que les Douala ont trouvé le dicton suivant : «l'attente de la chauve-souris a fini par faire perdre la chasse à la panthère.»

Effort et sassiété, paresse et famine.

(***Engingila yê ! Contes et proverbes duala,*** J-M. Epée, p. 62)

Biscomta Njo̲ Diboṅe̲

Oswald Njo̲ Diboṅe̲ naquit le 26 septembre 1869, originaire du village de Bona Bekombo, à Akwa. En 1889 à Strasbourg, il publia ***Märchen aus Kamerun*** (*contes du Cameroun*), un recueil de conte d'un demi-kilo environ, écrit en Allemand gothique. Suite cela, il fut anobli l'année suivante par Guillaume II, devenant ainsi vicomte.

"Biscomta" Njo̲ Diboṅe̲ initia beaucoup d'Allemands au douala, notamment Ernst Dinkelacker, auteur de *Wörterbuch der Duala-Sprache* (dictionnaire de la langue douala), Johannes Ittmann, auteur de *Grammatik des Duala* (grammaire du douala), Elie Meinhof et son frère Carl, auteur de *die Sprache der Duala* (la langue de Douala), etc.

Exemple de Poème

Kéma : le singe (Nímé̲lé̲ Bó̲lo̲, p. 106)

1. Díná lam ná kéma,	1. Mon nom est kéma,
na í ma wó̲ ó bwéma.	Je ne meurs pas à la battue.
N'e bowám na jángwa,	Je suis souple et agile,
to̲ njá a bí lángwa.	Quiconque sait le dire.
2. Na yábáne̲ moto,	2. Je ressemble à l'homme
na tó̲ndi pé̲ loko;	et j'aime jouer ;
na bí dínga mondó	je sais nouer ma queue
ó to̲ njík'ebongó.	sur n'importe quel arbre
3. Bepuma na mbasi	3. Les fruits et le maïs,
na ma dá ná wasi;	Je les mange d'une bouchée

ó pónd'am ñá njai
to diwó na sí sâi.

Lorsque j'ai faim,
Mais je n'ai rien semé.

4. Na bí mulandako
ó móñ'á mikanjo.
Na bén pón só dína
ó téten'a bána.

4. Je sais grimper,
sur les branches d'arbres,
je me suis donc fait un nom
parmi les enfants

Exemple de comptine

Kúkú e kúkú e , ebang'á ndo !
Kúkú e kúkú e , ebang'á ndo !
Coucou eh, coucou eh, noix de cajoux !

Yé mó bosó, yé mó mbúsa, ebang'á ndo !
Yé mó bosó, yé mó mbúsa, ebang'á ndo !
C'est devant lui, c'est derrière lui, noix de cajoux !

Sengá té belela bé má toponó, ebang'á ndo !
Sengá té belela bé má toponó, ebang'á ndo !
Ecoute comment les canards parlent, noix de cajoux !

Wúba í lóngi té, oa ná lokwalé, ebang'á ndo !
Wúba í lóngi té, oa ná lokwalé, ebang'á ndo !
Quand les poules chantent, tu dis que ce sont les perdrix, noix de cajoux !

L'art : la sculpture et la peinture

La culture douala a été très prolifique en matière de masques, mais un bon nombre de douala actuels l'ignorent, car ce patrimoine artistique et culturel fut spolié et dérobé par les colons, et beaucoup d'objets d'art sont aujourd'hui dans des musées occidentaux en Suisse, en Allemagne, aux Etats-Unis etc. ou dans des collections privées.

La sculpture des **tangé**, *éperons de proue*, qui ornent les proues des grandes pirogues par exemple étaient très répandues à l'époque, mais ce métier est devenu très rare. Le **tangé** des Bonabéri a été dérobé ou confisqué par les Allemands…

La peinture, corporelle ou faite sur des masques, des pirogues ou des tableaux, était en général faite avec des colorants naturels, à base de craie et de plantes.

Musiques et danses

Etant assez mélodieuse, la langue douala s'adapte facilement à tous les types de chant.

Abelé : c'est une musique vivante et joyeuse, qui se fait à l'occasion d'un mariage. l'instrument principal est le tambour (**ng<u>o</u>m<u>o</u>**). Son nom pourrait provenir du verbe **bél<u>e</u>**, *appeler*, dans le sens où c'est un appel au rassemblement de tous.

Ambási be : cette danse est issue d'un mélange entre la valse des européens (Allemands) et nos danses traditionnelles. Ça se danse avec les épaules et la taille. La tenue pour la danser est la **kaba** pour les femmes, et le pagne pour les hommes. Le musicien camerounais Sallè John, en a fait sa musique de prédilection.

Bólóbó : cette danse s'exécute en ronde, en battant de mains. Les danseurs forment un cercle, puis à tour de rôle un est invité au milieu pour une prestation personnelle, à la fin, il se place derrière une autre personne qui prend sa place, ainsi de suite.

Bólóbó e má ñinga e ! E ní bú' édué e !
Le bolobo est animé ! Il casse déjà les reins

Es<u>e</u>w<u>e</u> : une sorte de blues africain, ce qui explique d'ailleurs pourquoi la plupart de nos chants religieux ont été composés en **es<u>e</u>w<u>e</u>**, dit **es<u>e</u>w'á bosángí**, *le Saint Essèwè*. Ça se danse avec les épaules, les mains, en bougeant légèrement les hanches et lançant les pieds devant soi, selon le rythme. Les instruments les plus usités sont le **mukéṅ**, *harpe*, et le **ng<u>o</u>m<u>o</u>**, *tambour*.

Makósa : musique et danse urbaine populaire, qui a puisé dans le folklore traditionnel pour s'adapter à un rythme plus moderne.

L'instrument de base est la guitarre. Elle est apparue au début des années 1950, avec pour principaux musiciens Nellè Eyoum et Ebanda Dooh Manfred. Puis il y eut une nouvelle génération (Toto Guillaume, Ekambi Brillant, etc.)

En 1972, Manu Dibango mit une pincée de Makossa dans un rythme afro-américain, son célèbre *soul Makossa.*

Mbáyá : une danse qui s'exécute avec les épaules et un jeu de pied.

Ngoso : cette musique est surtout utilisée pour raconter une histoire, c'est une sorte de musique de griot. Elle se fait en toute occasion : lors d'une naissance, un mariage, une course de pirogue, une lutte traditionnelle, un décès, etc. Elle est à moitié parlée et à moitié chanté. Elle est beaucoup plus utilisée pour dire des complaintes ou donner des conseils, mais quelque fois pour des railleries.

Nkámbá : une danse de femme.

Sekele : une danse dont le nom signifie *secouer*, qui s'exécute par des mouvements de reins et de pieds. On utilise en général les tambours et les clochettes.

Les instruments de musique

dibekú : *fifre*, **diweu** : *saxophone*, **elímbí** : *tambour*, **elókó** : *batterie*, **isesé** : *siffet*, **mbáká** : *cliquette de bambou, castagnette*, **mukéṅ** : *clohette*, **mundende** : *flûte*, **musébá** : *trompette*, **muséseko** : *maracas*, **ngombí** : *accordéon, orgue, piano*, **ngomo** : *tamtam*, **ndingá** : *guitare*, **ndingá mbóndó** : *guitare basse.*

Les couleurs : misono

- blanc	**- sánga**	*- marron*	**- ebongó**
- bleu	**- bulû**	*- noir*	**- bowínda, mūndó**
- brun	**- kakí**	*- orange*	**- epumá**
- doré, or	**- ngála**	*- rouge*	**- jóla**
- gris	**- dibudu**	*- violet*	**- tínten**
- jaune	**- njabi**	*- vert*	**- éyadi**
- rose	**- dikelele**		

Les vêtements : mbótí

L'habit douala par excellence n'est rien d'autre que le **kaba**, terme provenant prononciation déformée du mot anglais *cover*. Il s'agit d'une longue robe de pagne. Le **kaba** est largement adapté par les autres femmes camerounaises.

Il existe des variétés plus courtes, kaba mukuku, qui est la tenue des femmes qui vont à la chorale, en général cousu dans un tissu blanc. Le **kaba nísadi**, le *petit kaba*, **kab'a ngóndó**, son plus beau kaba, plus long, que l'on met à de grandes occasions (mariage, fête du ngondo, etc.)

Sinon, traditionnellement les vêtements étaient aussi tissés dans du raphia, en forme de jupe a étagère appelée **manjakí**. Pour les hommes, l'habit traditionnel est le **sanja**, pagne que l'on noue à la taille. Dans la modernité, il est accompagné d'une chemise, on attaque un foulard à la taille et au cou, dit **idubwan**.

Habitat traditionnel et moderne

Douala étant devenue une métropole urbaine, les maisons traditionnelles, faites de terre battue, ont peu à peu disparu du paysage. Les **miñuá má ngonjá**, *toits en raphia*, qui recouvraient les maisons, permettaient de maintenir une température fraîche à l'intérieur, et étaient imperméables à l'eau, mais il fallait remplacer les palmes, assez souvent, une à deux fois par an, notamment après la grande saison des pluies à cause de l'humidité. Aujourd'hui à Douala, l'architecture rencontré est plutôt celle des villes européennes.

La cuisine : mwebé

Traditionnellement, les cuisines formaient des cases distinctes, hors de la maison principale, mais faisant partie intégrante de la concession, pour que en cas d'incendie, toute la maison ne brûle pas.

La culture côtière a beaucoup fourni en gastronomie au Cameroun, le célèbre ndolè est le plat national.

Ndolè à la viande

Les feuilles de ndolè (vernonie) doivent être préalablement bien lavées, à l'eau bouillante, avec du sel gemme (**káṅwá**) pour enlever toute l'amertume.

Ingrédients : feuilles de ndolè arrachides, oignons, ail, huile, crevettes, écrevisses (dibánga), viande, cube, sel.

1) faire bouillir les arrachides, puis les écraser avec de l'oignon, de l'ail et du cube. Mettre ceci dans une casserole et laisser cuire avec un peu d'huile.

2) faire boullir de la viande de bœuf avec de l'oignon écrasé ou émincé, et du cube

3) rajouter la patte d'arrachide précédemment aprêtée, remuer, laisser cuire 20 minutes.

4) rajouter le ndolè, laisser cuire, en remuant régulièrement.

5) Faire revenir les crevettes et écrevisses avec de l'oignon émincés dans une poelle, avec deux cuillères à soupe d'huile. Puis rajouter cela dans le ndolè. Laisser cuire 5 à 10 minutes. Puis servir.

Accompagnements possibles : bâton de manioc (**myó̱ndó̱, bebo̱bo̱lo̱**) , frites de plantains (**misole̱**), manioc cuit.

Mukon : met de pistache

Ingrédients : pistaches, sel, petites crevettes séchées (**dibánga**), oignon, ail, huile, poisson fumé, viande, piment, œufs.

1) Ecraser les graines de pistaches avec de l'oignon, de l'ail, du cube. Puis mettre la pâte dans une assiette.

2) Y ajouter deux blanc d'œufs, du poisson fumé ou de la viande cuite, du piment, de l'eau, de l'huile,
des crevettes sechées, **dibánga**.

3) Remuer le tout, puis emballer la pâte dans des feuilles de plantains (traditionnel), ou du papier aluminium (moderne).

4) Faire cuire dans de l'eau bouillante pendant 1 heure. Puis enlever l'emballage et servir.

La chasse et la pêche

La pêche (**musombó**) fût jadis l'une des principales activités des douala, peuple de l'eau. Mais avec la modernisation progressive de la ville, ces travaux paysans ont été peu à peu délaissés par le peuple, dont le terroir est devenu une métropole urbaine, mais ceux qui vivent dans les zones fluviales comme Jébalè, Ewodi, Bonendalè, Youpwè, Mbonjo, etc. pratiquent toujours la pèche.

On se rendait généralement à la pêche en pirogue, **bólo**, et avec divers filets : **epése, epee, mbunjá**…

C'était une activité exclusivement masculine, tandis que la culture des champs étaient relayées aux femmes. Le poisson était vendu frais, au niveau même de la plage, ou alors il était fumé avant d'être vendu ; en dialecte pongo, le marché et la plage porte le même nom, **dibó**. Celui qui surveillait les produits de pêche était appelé **mutáté-kómbo**.

De même la chasse (**jangó, bwéma**) se pratique plus dans les régions du moungo ou du sud-ouest, où il y a encore beaucoup de zones non déboisées.

La langue douala conserve un vocabulaire extremement riche concernant les animaux de savanes.

Les noms de l'eau

Le vocabulaire relatif à l'eau et à l'environnement marin est très riche. Ce qui est normal pour un peuple riverain, cela témoigne de la maîtrise de l'eau en cette langue..

bepélé	*détroit*
bwádibó	*havre, débarcadère*
dibó	*port*
diwíndí	*nuage*
diwíndíwíndí	*nuée*
dǔ	*embouchure*
ebê	*marée*
ebudu	*lac*
elopi	*lagune*
emune	*vague d'eau*
esaka	*mare*
etengú	*golfe*
etia	*tourbillon*
ewonono	*mare d'eau verdâtre*
ewúnge	*vent de mer*
eya	*fleuve céleste*
eyeye	*falaise*
eyondí	*île*
ikílíwíndí	*masse de nuage*
ipalo	*crique, affluent*
lámba	*mangrove*
madíbá	*eau*
madíbédibe	*averse, forte pluie*
manga	*étendue d'eau salée*
mangánga	*lit de l'eau*
mangamba	*océan primordial*
manjúlé	*baie*
mawongō	*marée montante*
mayiba	*rosée*
mbemba	*digue*
mbéṅsán	*ravin*
mbopi	*delta*
mboñá	*plage*
mbúa	*pluie*
mbú'á madále	*grêle*
mbulala	*cyclone*
mopí	*fleuve*
mosô	*marigot*
mpólo	*ruisselet*
mpólololó	*ruisseau*
mùdi	*tempête*
mudolo	*cap*
mukókó	*sable*
mukudi	*torrent*
mulómbá	*abîme*
mungála	*rivière aurifère*
múnja	*mer*
mutángadí	*estuaire*
mutíbé	*plongée,immersion*
ñóí	*nage,natation*
njiba	*profondeur marine*
sáwá	*littoral, côte, rivage*
sépé	*cascade, chute d'eau*
tonda, tond'á madíbá	*rapide, courant*
tongo	*rivière*
túbe	*océan*
túb'á mbaṅe	*haute mer*
yongo	*banc de sable*

LEXIQUES

Lexique français - douala

A

à	**o**
abcès	**etúngú**
abeille	**ndómbí**
abondant	**njoasoa**
aboyer	**dóma**
abri	**diwuta**
absenter (s')	**súba**
accepter	**jémea, kóa**
acceptation	**ekóédí, jémea**
accouchement	**yádí**
accueillir	**kasa**
accueil	**bekasédí**
acheter	**janda**
acide	**dibáñ**
acteur	**muoké sinima**
action	**ebolo**
additionner	**báta**
adversaire	**muténgene**
adresse	**wúm'á bejedí**
aéroport	**káń'á médi**
affaire	**ekwálí**
âge	**mbú**
aider	**jóngwane**
aiguille	**ndondoki**
aile	**dipupulan**
ailleurs	**wúma ipépē**
aimer	**tóndo**
air	**ngō**
alors	**só**
aliment	**dá**
allaiter	**ñóngise**
aller	**wala**
allumer	**motele**
allumette	**ngob'á wéá**
alphabet	**betésédí bá kála**
ambassade	**mulólómá mwá ekombo**

ambulance	**mutóa mwá dókita**
âme	**mudî**
amer	**njongi**
ami	**dikóm**
amour	**ndóló**
ampoule	**etúrúkáṅ**
ancre	**tínten**
âne	**jakási**
animal	**ñama**
année	**mbú**
anniversaire	**búñá bwá yábe**
appareil	**masîn**
appartenir à	**bénebe na**
appel	**ebélédí**
appeler	**béle**
appoter	**wána**
apprendre	**jókwa**
approcher	**sísea**
après	**ó mbús'á**
après-midi	**mwésé**
araignée	**dibobe**
arbre	**ebongó**
arc en ciel	**ñungu**
argent	**mbolo, moní**
armoire	**kóbáti**
arracher	**dumba, sua**
arrêter (s')	**jesele**
arriver	**túnge**
asseoir (s')	**ja**
assiette	**mwonjo**
attacher	**káka**
attaquer	**kumwa**
attendre	**jengele**
au	**ó**
au dessus	**ó móñ'á**
aube	**mésanedi**
aucun	**to pó, to ewó, to mō, to diwó**
aujourd'hui	**wéngē**
aussi	**pe**

autant	**jíta, eyeka**
autre	**-pé̱pe̱**
autruche	**njo̱kó̱lo̱mé̱**
avant (*d'abord*)	**á bosó bwá póndá**
avant-hier	**sú íbā**
avec	**na**
aveugle	**ndímá**
avion	**médi má ngō̱**
avis	**jonge̱le̱**
avocat	**mukáedi, ló̱ya**
avocat (*fruit*)	**pía**
avoir	**bé̱ne̱**
avoir envie, besoin	**bé̱ne̱ ñó̱ngí**

B

bagages	**mabómbá**
bague	**eyo̱ndó̱**
bain	**jó̱ke̱lé̱**
balai	**dipapan**
balayer	**papa**
balance (*appareil*)	**kílo**
baleine	**ngúmá**
ballon	**bo̱l**
banane	**dikúbé**
banc	**be̱nji**
banque	**bánki**
baptiser	**dubise̱**
barbe	**se̱dú**
bas	**ó wásē**
bavarder	**to̱po̱ bwambo**
beau	**mpesa**
beaucoup	**jíta**
bébé	**múna, mún'á mwē̱ngé̱**
bénir	**namse̱**
bercer	**le̱le̱**
berger	**mutátedi**
bétail	**eyembé**
beurre	**bó̱ta**
bibliothèque	**ndábó'á kálati, mukóbá**

bicyclette	**médi**
bien	**bwâm**
bientôt	**son'a póndá**
bière	**bíe**
bijou	**musángá**
blague	**loko, dikéko**
blanc	**sánga**
Blanc (*homme*)	**mbongo, mukálá**
blé	**wónd'á bakálá**
blessure	**ebango**
bleu	**blu, marína , ndútú**
boire	**ñó**
bois	**ebongó**
bol	**kómbo**
bon	**bwam**
bosse	**ikúle, ikúle-mbúsa**
bouche	**mudumbu**
bouchée	**tambú**
boucler	**kuke**
bouclier	**ngubá**
bougie	**cándere**
bouteille	**epósí**
brique	**bríki**
bruit	**étoise, mumban**
bruler	**díse**
buffle	**ñáti**

C

cacao	**kokó**
cacher	**wuta**
cadeau	**jabea**
cage	**mukómá**
cahier	**kálati**
caïman	**ngandó**
caisse	**elímbí**
calendrier	**kalénda, elángembú**
calme	**pī**
camion	**mutóa múndéne**
campagne	**eyídí**

canard	**elela**
canne à sucre	**múkoké**
carburant	**besîn**
carré	**matóngó mánei**
carte	**tíketi**
cascade	**sépé**
casser	**búwa**
casserole	**ewóngó**
caustaud	**posom**
ce /cette	**nu, nun**
ceinture	**ngódi**
celui-là/ci	**núné, nun, núnnan**
cercle	**ngonde, tengíledi**
cerveau	**bongō**
chaleur	**wéá**
chambre	**tǔň**
chameau	**kámel**
champignon	**eyónjo**
changer	**túkwa, wengisane**
chanter	**lóngo**
chapeau	**tambá, ekótó**
chaque	**té, tengé**
charbon	**diwíndí**
charger	**bambele**
charpentier	**kámpíta**
chat	**síngi**
château	**mukanda**
chauffer	**bábise**
chaussette	**ñopíña**
chaussure	**étámbí**
chef	**mwanedi**
chemin	**ngeá, njeá**
chemin de fer	**ngeá' masîn**
cher	**díye**
chercher	**wasa**
cheval	**wósi, ekabala**
cheveu	**ñō**
chèvre	**mbódi**
chien	**mbó**

chiffon	**etutan**
chocolat	**sokolâ**
choisir	**poso**
chose	**lambo**
ciel	**dibobe**
cigarette	**siká**
cimetière	**songo**
cinéma	**sinima**
cinq	**bétánu**
circoncision	**bwéndi**
circonférence	**ngonde**
ciseaux	**njaso**
citron	**epumá ésadi**
clair	**kéngéngé**
clair (peau)	**munanga**
classe	**klási**
clé	**idubwan**
cloche	**ngéṅ**
clou	**tono**
cloture	**kótó**
coeur	**muléma**
coin	**tóngó**
colère	**malingá**
coller	**báte**
collier	**musángá**
combien ?	**íníngá ?**
comme	**ka**
comment ?	**nénī ?**
commencer	**botea**
commerce	**ñungá**
commerçant	**mot'a ñungá**
comprendre	**sôṅtane**
compter	**songele**
conduire (voiture)	**dúa mutóa**
confiture	**jâm**
connaître	**bía**
construire	**lónga**
conseils	**maléá**
conseiller	**bola maléá**

consoler	**loko**
conte	**munía**
content	**muñenge**
conter	**lángwa myangó**
conversation	**ekwálí**
coq	**mom'á wúba**
coquille	**dikóká**
corbeille	**ewá**
corde	**mwasá**
cordonnier	**mupongé betámbí**
corne	**tóngo**
corps	**ñólo**
coude	**dibóngó lá diá**
coudre	**bangwa**
couette	**elángiti**
couleur	**musono**
couper	**ke**
cour	**ebóko**
courir	**ña mīla**
court	**isúngu**
cousin	**muláló**
coussin	**mbóngá**
couteau	**diwendi**
coutume	**dimbábé**
couvercle	**ngútu**
couvrir	**kúdúmane**
crabe	**dikako**
craie	**pémbé**
cravate	**kóla**
crayon	**mîn, diwíndí**
crédit	**ebalé**
crépu	**kolókósī**
crépuscule	**idiba**
cri	**muséa, musía**
crier	**té muséa**
crocodile	**mombe**
croître	**tondo, ñaka**
cuillère	**tô**
cuire	**toise**

cuisine	**mwebé, kísin**
cuisiner	**jipe**
cuisinier	**mwipedi, kúke**
culture	**bosédí**

D

dame	**ñangó**
danger	**bobé**
danser	**sa**
débarquer	**po**
début	**ebotédí, ebaédí**
découvrir	**so**
dedans	**téten**
dehors	**ebóko**
demain	**kíele**
dent	**songá**
dentiste	**dókita lá masongá**
départ	**bewalédí, wala**
dernier	**ní súkán**
derrière	**mbúsa**
descendre	**siba**
désert	**eyáṅ**
désir	**njíṅ, mpúli**
dessiner	**duta**
dessous	**ó wásē**
détester	**singě**
détruire	**ñamse**
deux	**bébā**
devenir	**timba**
devant	**bosó**
deviner	**pongo pílo - byo**
dictionnaire	**kálat'a byala, byálati**
Dieu	**Ñambé, Loba**
difficile	**ndutu**
dindon	**kobákobá**
dîner	**dá lá ebíámu**
dire	**kwála**
diriger	**díele**
diviser	**jaba**

fin	**sû**
finir	**bóle**
flèche	**mukéti, nkéti**
fleur	**mbonji**
fleuve	**mopí**
flotter	**wóngwa**
foire	**dǒn lá pulá-pula**
fond	**dibongo**
forêt	**njongo, eyídí**
fou	**mubóé njou**
fourchette	**mwasó**
foyer (feu)	**díyo**
fraise	**eñengéñ**
frapper	**dípa**
frère	**ndóme**
froid	**muloloko**
front	**mbombó**
frotter	**súngwa**
fruit	**epumá**
fumée	**ítutu, mútutu**
fusil	**ngádi**

G

gagner	**tombwane**
gâteau	**ekokí**
gauche	**dimosé**
géant	**ekokoto, ebomtolo**
genou	**dibóngó**
genre	**ñai, mbadi, patí**
girafe	**ngiloba**
glace	**áis**
glisser	**sonjo**
globe	**ngonde**
goût	**kekise**
golfe	**etengu**
gomme	**etutan**
gourmand	**mudésí**
goutte	**tón**
gouverner	**janea**

grâce	**bonam**
grain / graine	**mbumá**
grammaire	**bete̲sédí bá betilédí**
grand	**ekokoto**
grand - parent	**mbámbé̲**
gratter	**kwakwa**
grandir	**koka**
graisse	**diwó̲ngí**
grenouille	**mukó̲ngé̲**
griffer	**kwata**
grippe	**nkó̲ṅke̲le̲**
gronder	**kíma**
gros	**ebo̲mto̲lo̲, ebwe̲ke̲te̲**
grossesse	**déme̲**
guêpe	**dipomó**

H

habitat	**bojá**
habiter	**ja**
hache	**pô̲, mukulaṅ**
haricot	**wónd'á mbále̲**
haut	**mó̲ñ**
herbe	**ewudú**
heure	**ngé̲ṅ, ngande̲**
heureux	**muñe̲nge̲**
hibou	**esukúdu**
hier	**kíe̲le̲**
hirondelle	**dibonga**
histoire	**myangó**
hiver	**epupa éndé̲ne̲**
homme	**moto, mumí**
honnête	**te̲íte̲í, mulángwé̲-mbále̲**
hôpital	**dó̲kita, ndábó'á babóedi**
horloge	**kiló̲ki, ngé̲ṅ**
houe	**dibao**
huile	**mūla**
huit	**lo̲mbi**
hurler	**té̲ musía; dóma**

I

ici	**wân, wôn, wannan, wánnánu, wónnánu**
idiotie	**elemā**
ignorance	**síbia**
île	**eyondí**
illustration	**duta**
imaginer	**jongele**
imprimer	**pongo druk, búsise**
incendie	**mudíká**
infirmière	**móngwaned'a dókita**
insecte	**etándá**
instrument	**ebolan, elóngísán**
intelligent	**dibíé**
interdiction	**mwéká**
interdire	**jéka, bángane**
interjection	**musíá**
intestin	**mueya**
inventer	**weka**
invitation	**béle lá bato, bebélédí**

J

jamais	**to búñá**
jambe	**mwēndé**
jardin	**mōnda**
jaune	**musono mwá njabi**
jaunisse	**dibóá lá njabi**
jeter	**pimba**
jeune	**esombé**
joie	**muñenge**
joli	**mpesa**
jouer	**joka loko**
jouet	**elóngísán' á loko**
jour	**búñá**
journal	**mibíá, myangó má búñá**
juge	**mukáisedi**
jumeau	**diwása**
jus	**béñengeñ**

K

kaolin	**kalabá**
kilogramme	**kílo**
kilomètre	**kílométa**
kimono	**mbót'a Yápan**
kola	**dibanga**

L

là	**wa**
là-bas	**wáné, wo, wóné**
lac	**ebudu**
laine	**láine**
laisser	**jesele, día**
lait	**mílíki**
lait maternel	**mañóngo**
lampadaire	**etúrúkáṅ'á ngéá**
lampe	**mwayé, etúrúkáṅ**
lancer	**jangwa**
lapin	**pakatóló**
large	**ebapá**
larme	**músodi**
laver	**joa**
légumes (les)	**bewudú**
lentement	**na yō**
lettre	**léta**
libre	**wonja**
lieu	**wúma**
lièvre	**isédu**
ligne	**mutila**
lion	**ngila**
liquide	**madíbá**
lire	**lánga**
lit	**nongo**
litre	**líta**
livre	**kálati**
locomotive	**masín, ndutá**
loin	**etûm**
long	**bwabá**

loup	**mbó’ éyídí, ekwámbó**
lumière	**mwayé, mwénen**
lune	**módi**
lunettes	**mené**

M

machine à laver	**masín má joa**
mademoiselle	**son’á ñangó, ngondédi**
maigre	**mukóti**
main	**diá**
maintenant	**tatân, tatánu**
maïs	**mbasi**
maison	**bolóngi , ndábo, mbóa**
maître (d'école)	**muléedi**
mal	**bobé**
mâle	**mǒm**
malle	**kánta**
manche (la)	**diá lá mbóti**
manger	**dá**
manteau	**kóti**
marché	**dǒn**
mariage	**dibâ**
marionnette	**drobibí**
marteau	**háma**
masser	**súla**
matin	**idiba**
mauvais	**bobé**
médecin	**dókita, ngangá**
médecine	**bola lá myanga**
mélanger	**lata, pungwa**
mêler	**pula**
même	**na, kaná, ñai pó**
mémoire	**bongó**
mener	**díele**
mensonge	**mpóń**
mentir	**wondo**
menton	**ñáso**
mer	**múnja**

mère	**íyo, mamá, yeye**
métal	**eyei**
mètre	**méta**
métro	**masín**
mettre dehors	**pánga, wéle ó'bóko**
mettre en colère (se)	**linga**
miel	**bombó bwá ndómbí**
mille	**ikólí**
minute	**minúti**
miroir	**jené**
mois	**módi**
moitié	**epasi**
monnaie	**moní**
monsieur	**sángó**
montagne	**mudóngó**
monter	**jondea**
montre	**kilóki**
montrer	**lée**
mordre	**kukwa**
mot	**eyala**
mouche	**ngingi, eponjó**
moudre	**sia**
moulin	**masín má sia**
mourir	**wó**
mousse	**púdi**
moustique	**lungu**
muet	**mbúké**
multiplier	**ñákise, ítise**
multitude	**dimuti**
mur	**edimá**
murmurer	**topo miñúngú, topo miñúñungú, myoko, ñóñe, topo besoka**

N

nager	**ñóye**
naissance	**yábe**
nettoyer	**tuta**
nez	**mpémbá**

nid	**dúmbú**
Noël	**Ngand'a mbú**
noeud	**tingá**
noeud-papillon	**bô** (du français *beau*), **nektai**
noir	**mūndó, bowínda**
noix	**mbangá**
nombre	**nómba**
nombril	**mutódi**
non	**kém**
nord	**póngó**
nourriture	**dá**
nouveau/ nouvelle	**péñá**
nuage	**diwíndí**
nuée	**diwíndíwíndí**
nuit	**bulú**

O

objet	**lambo**
obtenir	**kusa**
oeil	**díso**
oeuf	**mweñ**
oiseau	**inón**
ombre	**edingédinge**
oncle	**molá, teté núsadi**
or	**gôl, ngála**
orage	**mūdi**
orange	**epumá**
oreille	**tói**
orgueil	**kúmba**
orthographe	**betésédí bá tila lá byala**
os	**ewesé**
oublier	**dímbea**
ouest	**mbenge**
oui	**ee**
ours	**ber**
ouragan	**mūdi, mbulala**
outil	**elóngísán**
ouvrir	**téle**

P

page	**dipapá**
paille	**solé**
pain	**bréti**
palmier	**léndé**
panier	**esánjá**
pantalon	**trosísi**
papier	**dipapá**
papillon	**ekoñkoñ**
paquet	**dibómbá**
Pâques	**Pása**
paradis	**Paradísi**
parapluie	**mbulédi, ngango**
paresseux	**bwála**
parler	**topo**
paroisse	**dibéle**
pastèque	**dibo**
pauvre	**túé**
pays	**ekombo**
peau	**eyobo**
péché	**diwusé, bobé**
pêche à l'hameçon	**jobí**
pêche au filet	**musombó**
pêcher	**jóbo súe**
peigne	**sísako**
peindre	**péna**
peinture	**pên**
penser	**jongele**
perdre	**bólone, pimbise**
père	**teté, te, sango, papá**
perroquet	**ngoso**
petit	**-sadi**
pétrole	**karosîn**
peu	**ngusu**
peuple	**bato, mwanjá**
peur	**bóngó**
peut-être	**póndá pó**
photo	**duta**
pied	**mwĕndé**

piège	**lámbí**
pierre	**dále**
piment	**ndóngó**
pipe	**mbeá' tabako**
place	**epólo**
placer	**wéle**
plage	**dibó**
plaindre (se)	**taka, tokisane**
plaire	**dolisane**
planter	**de**
plat	**tándám**
plein	**ní lóndí**
pleurer	**jea**
pleuvoir	**yóle**
pluie	**mbúa**
plume	**esáó**
puriel	**mwítako**
plusieurs	**jíta, eyeka**
poche	**mukuta**
poêle	**fraipân**
poids	**kílo**
poisson	**súe**
police	**polísi, sónja**
politesse	**edúbé**
pomme de terre	**ndoko**
pompe	**pómbi**
pont	**ñangi**
porc	**ngoá**
port	**dibó, mboñá**
porte	**jombe**
portefeuille	**pósa**
porter	**bambe**
pot de chambre	**póke**
poumon	**esáósao**
poupée	**drobibí**
pouvoir	**ngum, ngíña**
pouvoir (verbe)	**béne ngudi**
prendre	**nongo**
prénom	**díná lá mukálá**

près	**bebe**
prêtre	**pata**
prière	**muká, makáne**
prix	**musúsedi, longó**
problème	**ekwálí**
procès	**bekáisedi**
promesses	**makakane**
promettre	**kakane**
prophète	**mutoped'a mudi**
propreté	**bosángí**

Q

quand ?	**súníngá ?**
quatorze	**dom na bénei**
quatre	**bénei**
quel ?	**njíka ?**
quelqu'un	**séme kakale, moto**
question	**myúédi**
questionner	**uele**
queue	**mondó**
qui	**njá ?**
quinze	**dom na mutóbá**
quitter	**jásumwé**
quoi ?	**njé ?**

R

racine	**bwanga**
radio	**elímb'á dikálo**
raisin	**betonga bá beñengéñ**
ramer	**jasa pai**
ranger	**pongulane, pak**
rapide	**pélepéle**
rare	**pása**
rat	**kosi**
récipient	**mulongá**
réciter	**pasele**
réfrigérateur	**kóbat'a mululoko**
refroidissement	**lokomea**
regarder	**jombwa**

regretter	**jombwě**
reine	**wonje, kwîn**
religion	**dúbe, jówě**
renverser	**kóma, wámbele**
repasser	**sía**
répéter	**timbisele, topo pe te**
répondre	**jálabe**
reposer (se)	**wúmse**
restaurant	**ebóndo**
reste	**mpéte**
réveiller (se)	**wéma**
richesse	**mbwaṅ**
rire	**yo lo**
riz	**wóndi**
rocher	**dále**
roi	**kiṅe, muanedi**
rond	**tengíledí**
roue	**dibao**
rouge	**jóla**
route	**ngeá**
ruisseau	**mpóloló**

S

sable	**mukókó**
sac	**mukuta**
sale	**mbindo**
sang	**mayā**
santé	**ja lá bwâm**
sauver	**sunga**
sauter	**jángwelé**
savoir	**bía**
savon	**sópi**
sec	**ñánjí**
sel	**wánga**
semaine	**disama, esaman, wíki, wóki**
serpent	**ñama bwabá, ñō**
serviette	**táwedi**
seul	**musólókí**
sève	**mañéngúñéngú, matotoló**

siège	**bojá, bejedi**
siffler	**lo̲ngo̲ isesé**
signe	**mutila, sañ**
singe	**kéma**
sûr	**mbáki**
slip	**dró̲si**
soeur	**ndóm'á múto**
soigner	**bolea, jese̲ bwâm**
sol	**wásē, miñángádú**
soleil	**wéi**
solitude	**esó̲dísó̲dí**
sonner	**jumba ngé̲ṅ**
sortir	**búsa**
souffler	**wúngea**
souffrir	**taka**
sourd	**ndó̲ki**
souris	**púe**
soustraire	**sumwa**
souvenir (se)	**jo̲nge̲le̲**
sucre	**bo̲mbo̲**
sud	**mikóndo**
surprise	**etañsédí, dimúmé**
sympathie	**etó̲nde̲**

T

tabac	**tabako**
table	**tébedi**
tableau (école)	**táfe̲l**
tambour	**ngo̲mo̲**
tante	**ínsadi, tánti**
tapis	**tápóti**
tard	**ní súkán**
tel	**nûn**
téléphone	**ebélan, musinga, telefo̲n**
télévision	**elímb'á beleké, telê**
temps	**póndá**
terre	**wásē**
tête	**mulópō**
théâtre	**teáta, sinima**

tige	**tína**
timbre	**sitamp**
toit	**muñuwá**
tomate	**tomáto**
tomber	**kó̱**
tomber malade	**kó̱ diboa**
tonnerre	**ngád'á lóba**
tortue	**wúdu**
toucher	**tápa**
toupie	**nge̱ke̱**
tout, tous	**-é̱sē̱**
train	**masîn, ndutá**
trait	**mutila**
tranquille	**na pī**
travailler	**bola eboló**
travailleur	**muboledi**
traversée	**mukatí**
traverser	**kata**
treize	**dom na bélálo**
tremblement	**mukámbílán, musóasoan**
tremblement de terre	**sóa lá wásē**
trembler	**sóa, kámbilane̱**
trompette	**musébá**
tronc	**mukó̱kó̱**
trop	**jíta bwambí**
trottoir	**ngeá**
trou	**dipo̱ndí**
trouver	**so̱**
tuberculose	**eyo̱só̱s'á njo̱u**

U

un	**ewó̱**
unique	**mpo̱mé̱**
urine	**mísanji**
uriner	**sanja**
usine	**íngiṅ**
utile	**ní m'óngisaně̱**
utiliser	**bolane̱**

V

vacances	**mawúmse**
vaccin	**mukélé**
vache	**ñaka**
vague	**emune**
valeureux	**mubúkedi**
vendeur	**mot'a ñungá**
vendre	**jandise**
vendredi	**ndosi, fráidê**
venir	**po**
vent	**ngō**
ver de terre	**ekónkón**
véranda	**dibepé**
verbe	**eyala**
vérifier	**bámse**
vérité	**mbále**
verre	**tómbedi, tómbwedi**
verser	**kóma, wámbele**
vert	**musono mw'éyadí**
verdict	**mbakó**
veste	**kóti**
vêtement	**mbóti**
vêtir	**boto**
veuf /veuve	**mukúsa**
viande	**ñama**
victoire	**esímo, ebúkédí**
vide	**ewóló**
vie	**longé**
vieux	**mudun, edun**
village	**mbóa, mundi**
ville	**mundi**
vin de palme	**mao, haa**
visage	**bosó**
visiter, rendre visite	**pépele**
vite	**na pélepéle**
vivant (être)	**muwéñá**
vivre	**bé longé**
voeu	**somele**
voile (la)	**mbonga**

voile (le)	**vêl**
voir	**jé̱ne̱**
voisin	**moyo mwá mbóa**
voie	**ngeá**
voix	**dói**
volcan	**mudóngó mwá wéá**
voler	**jíba**
voler (oiseau)	**pumwa**
voleur	**mwíbedi, mot'a jíba**
volonté	**bepúlédí, jémea**
vouloir	**púla**
vous	**lo, biñó̱**
voûte	**ekúsan**
voûter	**kúse̱**
voyage	**wala lo̱ndo̱**

W - X - Y – Z

W.C.	**ndábó'á mbúsa, ndábó'á dū, mbús'á sua, nge'á wúba**
yaourt	**mílíki, yawu**
zéro	**tětē, to̱ lambo**
zut !	**we̱ ! wé̱kê̱ ! ókô !**

Lexique douala – Français

Le chiffre entre parenthèse représente la classe nominale du nom, pour le pluriel.

A

aba !	eh bien !
abló	gâteau de riz
ábwe̱lé̱	rehausser
áis	glace, neige
akuri	perle de verre bleu
akwa	quémander
Akwa	un quartier de Douala
ala	aller, partir
álabé̱	répondre
álea	tenir, arrêter, posséder
amba	s'aggraver
ana	lutter
anda	acheter
andise̱	vendre
ánga	frire
ángame̱ne̱	devoir
ángame̱ye̱	faire attention
ánge̱l	ange
angwa	lancer
ángwe̱lé̱	sautiller
ánja	sécher
antí	tante
ári	frangine
asame̱	être au dessus
asésě̱	se vanter, se pavaner
ásia	se dit pour consoler
ásumwé̱	quitter, dégager
ate̱lé̱	renverser, changer complètement
áyan/ áyo̱n (7)	fer à repasser

B

bába	se réchauffer
babó̱	eux

báise	demander
bakó	pygmées
balasi	bouton à pression
bangwa	coudre
bánki (7)	banque
báta	ajouter
báte	coller
batabata	proche, lié, intime
bato (1)	les gens
bebándédí (4)	oppression, pression
bebélédí (4)	appel
bebīsédí (4)	avertissement, révélation
bebókédí (4)	fondation
bebotédí (4)	début, commencement
bebúkédí (4)	victoire, dépassement
bedómsédí (4)	décision
bejédí	siège, habitation
bejóngo (4)	transes à oracle
bekáisédí (4)	tribunal, justice
bekokó bá tî (4)	citronnelle
belakísédí (4)	pardon
belam (4)	boisson, alcool
bena	haïr
benga	perdurer, être toujours
besésédí (4)	éloge, louange
betáñsédí (4)	miracle
betátédí (4)	veille, garde, surveillance
bewa	roter
bê	être
béne	avoir
benji (6)	banc
bia	suivre
bía	savoir
bíáná	comme si
Bibel (6)	la Bible
bilá (4)	guerre
bóa	être malade
bodiló (6)	poids, lourdeur
bodímbeá (6)	oublie

bodípadípá (6)	lynchage
bodo̲lo̲ (6)	beauté
bodun (6)	vieillesse
bojá (6)	siège, demeure, place
bojájá	assis
bóka	fonder, établir
bokénjú (6)	ferveur
bokedi (6)	asthme
bokoka (6)	croissance
bola	faire, donner, travailler
bolane̲	utiliser
bolánga (6)	lecture
bolángi (6)	bilan, compte-rendu, inventaire
bolóba (6)	époque, ère, existence, être
bolóngi (6)	maison, construction
bolúlí (6)	art, sculpture
bomane̲	rencontrer, trouver
bona (1)	famille
bonambonji (1)	flore
bonañama (1)	faune
bonasúe (1)	faune aquatique
bonam (6)	bénédiction
bóngwa	élever, éduquer
boṅsane̲	apprêter
bosáó (6)	prunier
bosǎsǎ (6)	blâme
bosámbí (6)	muscadier
bosámbo(6)	humiliation
bosíngá (6)	animosité
bosó (6)	visage, face, devant
boso̲lo̲ (6)	gêne, embarras
bosubé (6)	échec, incapacité
bota	initier, engendrer, allumer
botea	commencer
botiko bwá nge̲ke̲	jeu d'enfants avec des coquilles
bowám (6)	légèreté, souplesse
bowán, bowó̲n (6)	ressemblance
bowé̲n (6)	bénéfice, succès
bo̲ngó̲ (6)	cerveau

bó̱ngó̱ (6) peur

bo̱ pourrir, se terminer

bo̱ ! expression de l'étonnement

bó̱ko̱ être gros, avoir bonne mine

bô̱l (6) ballon

bó̱le̱ finir

bo̱lí corsage, soutien-gorge

bó̱lo̱ (6) pirogue

bó̱lo̱ne̱ perdre

bo̱mbó̱ (6) sucre

bó̱ta (6) beurre

bó̱to̱ porter, revêtir

bré̱ti (7) pain, de *bread*

bríki (7) brique, parpin

búka dépasser, surpasser

bulú (6) nuit

búma (6) fromager

bumba braiser

búmba périr

bumwa déménager, émigrer

búñá (6) jour

búpe̱ suivre

bupisane̱ na selon, suivant

búsa sortir

bwâ tuer

bwá ñólo se suicider

bwá bó̱ngó̱ avoir peur

bwabá long

bwála (6) paresseux

bwâm (6) bien, bon

bwambo (6) langue, bavardage

bwangá (6) poitrine

bwanga (6) médicament, racine de plante

bwángolo (6) manguier

bwelé (6) arbre

bwéma (6) chasse, battue

bwíba manguier sauvage

bwindea (6) toujours, éternité

byálati lexique, dictionnaire

byasaso (4) — branchies
byíngédí (4) — introduction
byúkédí (4) — assistance, présence

C

cacaca — éclat de rire
cáka — abandonner
cakó — jeune singe
cálet /cáret — charrue
camane — être dispersé
cándere — bougie, de *canddle*
canwoki — grue
cáṅcaṅ — tromperie
cápcap — rapidité
cókot — affaissement
coma — délaisser, abandonner
cókutane — s'affaisser
cóye — insulter, calomnier

D

da — manger
dádane — manger n'importe quoi
dále (3) — pierre
dalé lá jongele — monument
dalé lá tíki — pierre précieuse
dámba — marécage
damabele — se faire attraper, joindre
damea — attraper, saisir, arrêter, joindre
dangé (7) — limite extrême, horizon
dangwa — marcher
dangwa ngondá — ramper
dangwane — marcher avec
déme (3) — grossesse
déngea — s'égarer, se perdre, disparaître
denge — ensuite, alors, puis
déngele — soustraire, enlever
dése — nourrir
dê — planter, semer, piquer
diá (3) — main, bras

dibâ (3)	mariage
dibáñ (3)	acide
dibaña (3)	genre de marmite
dibañá (3)	calvitie
dibélé (3)	buste proéminent
dibê (3)	sein
dibebe (3)	cuisse
dibéle (3)	paroisse
dibena (3)	haine
Dibenga (3)	l'Eternel
dibum (3)	ventre
dikata (3)	épaule
dingongo (3)	grelot
dio (3)	entreprise, société
dipapan (3)	balais
dipondí (3)	trou
dipupulan (3)	aile
dísi (3)	grande assiette, de *dish*
díso (3)	œil
díso lá lóba (3)	lune
Diwálá (3)	Douala
diwondi (3)	poteau, pilier
dói (3)	voix
dói lá muléma (3)	conscience
dóngé (3)	bâillement
dókita (3)	hôpital, médecin, de *doctor*
drobibí (7)	la poupée, de *doll baby*
drósi (7)	culotte
dubwa	déraciner, ouvrir

E

ebá (4)	rancœur
ebabadi	piquant
ebang'á ndo	noix de cajou
ebê (4)	marée
ebéyédí (4)	comportement, attitude
ebokí (4)	mortier
ebókí (4)	handicapé, boiteux
eboló (4)	travail

ebongó (4)	bois, arbre
ebongó á mañóngo	hévéa
ebodú (4)	puanteur
ebudu (4)	lac
edime (4)	serpent noir
eleké (4)	statuette, masque
ekabala (4)	cheval
ekékéleké (4)	crâne
ekélékete (4)	squelette
ekoe	sympathisant
ekoédí (4)	acceptation
ekoñkoñ (4)	papillon
ekóṅkóṅ (4)	ver de terre
ekótédí (4)	économie, économie
eléúléu (4)	variété de lézard
elongi	membre, partie du corps
elóngi (4)	chorale
elóngísán (4)	instrument
embón (4)	membre, adhérant
enama (4)	membre, partie du corps
epasi (4)	moitié
epúlungá (4)	morceau, brique
epupwan (4)	brosse, chiffon
esoka (4)	secret
esasó (4)	chique
esua (4)	lutte traditionnelle
esukúdu (4)	hibou
esukúlu (4)	école
etia (4)	tourbillon
etika (4)	place isolée, taillis
etilan (4)	stylo
etínele (4)	entorse, foulure
etingan (4)	lien, ceinture
etíngídíngí (4)	moignon, trapu
etutuma (4)	seiche
etóan (4)	cuillère, louche
etíntín (4)	entorse, foulure
etúrúkáṅ (4)	lampe, ampoule
ewá (4)	récipient

ewandé (4)	fiancé
ewenjí (4)	bagarre, lutte
ewolo (4)	galette
ewolowoso (4)	crustacé mâle
ewudú (4)	herbe, plante
ewusú (4)	maléfice
eyadí (4)	feuille
eyápi (4)	aisselle
eyesiyesi (4)	cartilage
eyenge (4)	palme, rameau
eyengí (4)	bagarre
eyídí (4)	forêt, brousse
eyobo (4)	peau
eyobo'á tói (4)	tympan
eyondí (4)	île
eyosósi (4)	toux
eyosós'a njou	tuberculose
eyúngú (4)	aigle pêcheur

E

émbele	ne pas pouvoir faire quelque chose
émele	mutiler, rendre infirme
éne	voir
énene	paraître, être visible
énse sese	faire du mal

F

fénge	mettre en avant
fíbel (7)	abécédaire
fíka	signer
fíkafikane	griffonner
fláwa (7)	farine, de *flour*
fraipân	poêle
fufú (7)	couscous
Frensi	France, la langue française

G

géda (7)	couture à petit point
gôl (7)	or
góbina (7)	gouvernement, autorité

gréta (7)	râpe, grattoir
grífel (7)	crayon à ardoise

H

haa (7)	alcool fort
háma (7)	marteau
háwa (7)	heure, de *hour*
heft (7)	cahier
hêm	ourlet
héme	ourler
hólóló	cri de la foule

I

íba	voler
ibañ (5)	résine, poix
ibete	chétif, nain
ibôn (5)	cartouche
idiba (5)	matin
idíká	avarice
idimbe	oublieux, oisif, ignorant
idubwam (5)	clé
idun (5)	vieux, million
íka	étouffer
ikólí (5)	mille
ikóki	chiche, avare, pingre
ikúlembúsa (5)	bosse
ikwalé (5)	perdrix
iléma	gourmandise
ilíngé	persévérance
ilonda	mousson
ímane	refuser à quelqu'un.
inda	durer, tarder
índa	médire, calomnier
íngea	entrer
íngele	introduire
Inglisi	Anglais, la Grande Bretagne
íníngá	combien
inón (5)	oiseau
Inónó	l'Eternel

ínsadi	tante, petite mère
iñaño (5)	aurore
iñaño'á ebíámu	crépuscule, soir
iñaño'á idiba	aurore
iñí	sa propre mère
ipaló (5)	affluent d'un fleuve
ipe	cuisiner
isango (5)	confrérie
isesé (5)	flûte, sifflet
isilo (5)	coup de poing
isókólókó (5)	rossignol
isolo	secret
isôn (5)	honte
isuke (5)	soutien, tuteur
isúngu	bref, court, de petite taille
itaba (5)	hypocrisie
íte !	va-t-en ! Dégage !
itúedi	misérable, pauvre
itúmbu	bâton, spectre, houlette
ítutu (5)	fumée
iwíyé	sérieux, gravité, vérité
íyo	mère
iyó (7)	sommeil

J

ja	habiter, rester, s'asseoir, être assis
jabane	partage, séparation
jabea (3)	cadeau, offrande
jájóngwanele	entraide
jakási (7)	mulet, de *jackass*
jálatane	communion
Jáman	Allemagne, la langue allemande
jamba	difficulté
jámbo	jeu de hasard
jánandelě	précision, explication
janda (3)	l'achat
jándá (3)	signification, sens
jangó (3)	chasse
jangá (3)	oignon, ananas

jángolo (3)	mangue
jángwa	finesse, ruse, habilité
jasá (3)	hauteur, comble
jasé (3)	hautain, élevé
jásí (3)	éternuement
jasangilane	réconciliation
jedú	est, orient
jémea	volonté, foi, acceptation
jéngame	inclinaison
jépame	embarras, ennui
jése	faire asseoir, héberger
Jéki	fils de Nyambé dans l'épopée du même nom. Héros, triomphateur, vainqueur, puissance prodigieuse
jéne (3)	vue
jené (3)	miroir
jénene	apparence
jesí (3)	siège, trône
jinda	durée
jíta	beaucoup
jóla	rouge, mûrissement
jomba (3)	concubine, maîtresse
jombwa	regard, observation
jombwě	regret, repentance
jomele (3)	exhortation, avertissement
jongise (3)	délivrance, salut
jowa (3)	lessive, lavage
jówě (3)	adoration, culte, croyance, religion, purification, lavage, toilette, nettoyage
jobí (3)	pêche à l'hameçon
jókelé (3)	bain, douche
jókí (3)	baume, crème
jombe (3)	porte
jómbea	s'affaiblir, s'appauvrir
jon	régime de banane
jongele (3)	pensée, opinion, idée, souvenir, commémoration
jongó (3)	lance, sagaie
jonoki (3)	tumeur des orteils

júbé (3)	surprise, étonnement, désolation
júdi, júli (3)	rassasiement, sassiété
júnga (3)	soufflement

K

kámpita (7)	charpentier
kápa	ancienne pièce de monnaie perforée, de *cooper*
kasa	accueillir, recevoir, accepter
kásó (7)	noix
kátakata	compliqué, inextricable, bizarre
kéma (7)	singe
kingan	gombo
kóa	accepter
kómbómbó	économie
kó (7)	escargot
kóbáti (7)	armoire, de *cupboard*
kótin (7)	coton
kúmba	orgueil, fierté
kwése	fermer

L

lá	vers, en direction de
láine	laine
laka	excuser, confier une mission
lakisane	faire confiance
lakise	pardonner
lámba (3)	marais
lámbe	prêter l'oreille
lámbí (3)	piège
lámbo (3)	chose, objet
landa	grimper
lánga	lire
lángwa	dire
lángwea	dire à quelqu'un
lée	montrer
lémbe	recolter
lema	être sot, bête
léta (3)	lettre

léke	montrer
linga	se facher
líta	litre
Lóba	Dieu (christianisme)
lobango	mensonge, imposture
lóbe	ciel, cieux
lobí (3)	excréments
loko (3)	jeu
lónda	être plein
lónde	remplir
lónga	construire
longé (3)	vie, existence
longó	vente, commerce, tarif
lo	couler, avoir un naufrage
lo (3)	rire (*nom*)
loko	refroidir, calmer
lombínda	parfum, de *lavender*
lombo	briller, resplendir
lóngo	chanter
lóya	avocat, notaire, de *lawyer*
lúle	forger
lungu (6)	moustiques

M

maá (3)	mains
madíbá	eau
malé	testament, alliance
mangona	acajou
masepu	menthe
matangá (3)	pas, plantes des pieds
mayā	sang
mayé	obscènité
mayiba	rosée
mayówa	fanfaronnade
mbakó (7)	résultat, verdict
mbáki (7)	sur, certain, certitude
mbakí (7)	malchance
mbabo (7)	rate
mbalata	intervalle, écart

mbále (7) vrai, vérité
mbambá (7) cauris
mbamba vie légère, prostitution
mbáñá nom d'une rivière située à Akwa
mbape aide, suivant, second, suppléant
mbásá (7) croix
mbasá proverbe
mbásanedi à côté
mbatimbati aurore
mbeátóe genre de crevette, typique du fleuve Wouri
mbela (7) aigle
mbémbé pleurs
mbena (7) malédiction, propos haineux
mbéú'á ñólo malédiction, malchance, poisse
mbeu (7) rôt
mbia (2) famille
mbía (7) noix de palme
mbolo (7) argent
mbóko (7) assemblée
mbomboka (7) crapaud
mbonji (7) fleur
mbó (7) chien
mbomo (7) boa
mbú (2) année
mbúa (7) pluie
mbú'a madále grêle
mbulédi (7) parapluie
médi (7) bateau
médi má mundi vélo
médi má ngō avion
mikóndo (2) sud
mítin (7) culte, messe, de *meeting*
mísodi (2) larmes
môm (2) mâle, essentiel, principal, droite
móme droite
mondó (2) queue
mot'a benama (1) être humain
mot'a beboa prisonier
mot'a bilá (1) guerrier

moto (1)	homme
módí (2)	mois, lune, femelle, menstrues
móne !	salut ! bonjour ! de *good morning*
mpémbá (7)	nez
mpongulan (2)	correction, réparation
mpungú (7)	désordre
mpungú-mbele	anarchie, grand désordre
mubáedi (1)	marié
mubóedi (1)	malade, patient
mudangwedi (1)	pèlerin, voyageur
mudésí (2)	gourmandise
mŭdi (2)	haleine, souffle
mudî (2)	esprit
mudóngó (2)	montagne
mudumbu (2)	bouche
mukáedi (1)	avocat, défenseur
mukéṅ (2)	cloche
mukéti (2)	flèche
mukókó (2)	sable
mukóm (1)	captif, esclave
mukómá (2)	esclavage, captivité, déportation, captif de guerre
mukómákómá (1)	étranger venu sans rien
mukóngólóbóṅ (2)	crâne nu, chauve
mukónge (2)	grenouille
mukúsa (2)	veuf, veuve
mukuta (2)	sac, poche
mulamba (2)	célibat, célibataire
mulandako (2)	grimpé, escalade
muléma (2)	cœur
mulópō (2)	tête, guide, chef
mulóṅ (2)	rang, file
mumbwa (2)	récolte, collecte
mumí, momé (1)	époux, mari
mundéngé (2)	compagnie
mundi (2)	ville, contrée
mundi má bosó	capitale
múnja (2)	mer
munj'á	épouse, femme de

musao (2)	espèce de singe
musé (2)	bec
muséá, musíá (2)	cri
musimá (2)	chance
musíma (2)	caniveau, rigole
mutátedi (1)	pasteur, berger, gardien
múto	femme
mutongá (2)	centre, noyau
mutóngá (2)	bouton, acné, pustule
muyábedi (1)	immigré, d'origine étrangère
muyaó (2)	gentillesse
muyuako (2)	diarrhée
muyeye (2)	crabe d'eau douce
muyóṅ (1)	habitant enclavé, qui n'a pas accès à la mer, de l'intérieur des terres
mwámbí (2)	bonne odeur, saveur
mwanedi (1)	roi, chef, guide
mwanjá	peuple
mwanjá moto (2)	petits poissons
mwano (2)	idée, plan, projet
mwasó (2)	fourchette
mwẽn (1)	hôte
mwẽñ (2)	œuf
mwonjo (2)	assiètte
myango (2)	histoire
myasele	saupoudrer

N

na	je
ná	que, pour que
náné	autre
náné na náné	ainsi de suite, et ceatera
ndábo (3)	maison
ndábó'á dū	les WC
ndábó'á Lóba	église (bâtiment)
ndábó'á a lungu	moustiquaire
ndábó'á mbúsa	toilettes (salle)
ndakwê (7)	fuite
ndamako (7)	capture

ndambwe̱ (7)	fronde, ballon
ndé	mais, donc, etc.
ndingá (7)	guitarre
ndonda (7)	un fruit servant d'épice
ndutu	peine, souffrance
ngalatándá (7)	crabe tourteau
ngango (7)	bâche, parapluie
ngíñ'a muléma	courage
ngíña (7)	force
ngeá (7) (pluriel:3)	route, chemin, voie
ngedi (7)	fois
ngombá (7)	hérisson
ngoso (7)	perroquet, chant piroguier
ngo̱bo̱ (7)	placenta humain
ngubá (7)	bouclier
ngubú(7)	hippopotame
ngút'á bwangá	côte
ngútu (7)	couvercle
ngwában (7)	goyave
ngwe̱le̱ (7)	petite forêt
ngwi (7)	espèce d'écureuil
nja ?	qui ?
njai (7)	faim, famine
njakó (7)	mendicité
njiba (7)	profondeur, fond marin
njibo (7)	gnou
njó̱ngó̱ á mpémbá	narine
njō̱ (7)	léopard
njúnjúbe̱ (7)	bouton, verrue
nkotí (7)	mamba vert
nó̱mba (7)	nombre, numéro
no̱ngo̱ (3)	prendre, lit
núné̱	l'autre

Ñ

ña mīlá	courrir
Ñambé	Dieu
ñama (7)	animal, viande
ñama-bulu	rhumatisme

ñamse	détruire, abîmer
ñámwa	fondre, se liquefier
ñangó (1)	dame, mère
ñangó'á toi	tympan
ñáti (7)	buffle
ñóngi	envie
ñoso	piétiner
ñóye	nager
ñumañuma	agitation
ñungu	arc-en-ciel, serpent mythique
ñuka	savourer
ñúke	accumuler, entasser
ñungumeye	guetter, épier
ñuwé	orphelin
ñúwe (7)	cheveux blancs

O

ó	à, au, dans, vers, sur
óba	jouer d'un instrument
okirika (7)	friperie, habit bon marché
óla	être rouge, mûr
ombwa	regarder
onga	s'en sortir

O

óda (7)	ordre, obligation, de *order*
ólo wéá	se réchauffer
ómbo	racler
ósea	tousser

P

pái (7)	pagaie
paf, pap	bouillie
pálañ (7)	sentier étroit
pambo	flèche, arbalette
pan (7)	assiètte
pankek	crêpe, de *pancake*
paó	défrichement
páóda	poudre, de *powder*

Pása	Pâques
pásá	rare
pásmak	trop, exagérément
pásto	pasteur, de *pastor*
pata	prêtre
patí	manière, genre, façon
pé (7)	vipère
pela	répondre
pembísán	compétition, course, défi
pembísán'á myólo	course de pirogue
pémbisane	concourir, se mesurer
pé	aussi, plus
pepe	ventiller
pélepéle	vite
pémbé	craie, calcaire
pépele	rendre visite
pía (7)	avocat (fruit)
pímbímbí (7)	rancune
píña	être envahi, bondé, rempli
píñise	envahir, encombrer, remplir
písísi	pièce, morceau, de *piece*
plásta	plâtre, de l'allemand *Pflaster*
pólá (7)	plaie, ulcère
polísi (7)	police
pómbi (7)	fontaine, robinet, pompe
poso	choisir
póto	être éloigner
púdi (7)	mousse, écume
pula	creuser, forer, mélanger
púla	vouloir, désirer
púlane	réclamer, vouloir de quelqu'un
pule	enterrer, inhumer
pumwa	voler (oiseau)
pupwa	épousiérer

S

sa	danser, semer
sákángómbá (7)	porc-et-pic
sápi (7)	boutique

sásipan (7)	marmite à sauce, de *saucepan*
sedú (3)	moustache, barbe
síbia	ignorance
síliba	argent, de *silver*
síliki (7)	soie, de *silk*
silípási	babouches, sandales
só	antilope
soalúké	paresseux, négligent
sólo	entrer
solopondé	en cachette, discrètement
sómone	accuser, dénoncer
sópi (7)	savon, de *soap*
sû (3)	fin, côté

T

taka	souffrir, pâtir
také (7)	misère, disette
tambú (7)	bouchée
tangé (7)	proue sculptée sur une pirogue
tánki	fut, tonneau, de *tanker*
taó	tressaillement, tic, tremblement des muscles
táta	veuiller sur
tatánu	maintenant
tatatatân	immediatement, sur le champ
táwedi	serviette, de *towell*
teáta	théâtre
tébedi	table
témpel (7)	temple
téle	ouvrir
tengíledí	rond, cercle
tětē	pour rien, sans raison, en vain
teté (1)	père
tî (7)	thé, de *tea*
tila	écrire
timba	revenir, retourner, devenir
tína (7)	tronc, tige
tispon (7)	cuillère à café, de *tea spoon*
tô (7)	cuillère
tói (3)	oreille

trosisi (7)	pantalon, de *trousers*
tómbedi	verre, de *thumble*
tona	manquer
to̲ njá	quiconque
tó̲bo̲	nier
to̲mbo̲	éplucher
to̲no̲	clou
to̲po̲	parler
túbe̲	océan
túé (7)	pauvreté
túkwa	changer
tútú	raphia

U

ue̲le̲	demander, réclamer, interroger
úla	être rassasié
umba	frapper
úmbe̲ mo̲ngo̲	tourner le dos
úmwe̲	se réveiller

V

valísi (7)	valise
vé̲lve̲t /wé̲lwé̲ti	velours

W

wadiwadi	impatience
wánga (7)	sel
wâñ	vin, de *wine*
wás'á múnja	outre-mer
wásē (7)	terre
wayó	vantardise
wedí	art, ingéniosité, créativité
wíki/ wóki	semaine
wínda (7)	fenêtre, de *window*
wonja	noblesse, liberté, autorisation
wó̲	mourir
wo̲lo̲	fatigue, être fatigué
wó̲ngó̲	marmitte
wó̲si (7)	cheval

Y

ya	accoucher
yábe	naître
yádí	accouchement
yálá	cour, cour d'école
yengilane	se ballader, errer
yíngilane	avoir l'habitude de faire
yóma	chose, machin, truc
yo lo	rire
yungu	moustique

Bibliographie

- Article *The Catholic Church in Cameroon : First and New Evangelisation*, 11th international apostolic pilgrimage 2009, page 20.

- Bibliothèques ecclésiastiques au temps de la papauté d'Avignon. Tome I , page 271

- Bureau R. : *Le peuple du fleuve : sociologie de la conversion chez les Douala*, édition Karthala, 1996, page 220.

- COLAD (comité de langue douala): *Hymne national camerounais en douala*, Bɔlɔ ó boso, tɛsɛ lá bwambo bwá duálá, éditions Anaclac, 2001, page 74.

- Ebelè Wei : *Le paradis tabou, autopsie d'une culture assassinée*, édition Cérac, 1998.

- Ewane V. : *Guide de conjugaison en langue douala*, éditions Esaela, 2008.

- Obenga T. : *Les unités de mesure chez les Duala du Cameroun*. La philosophie africaine de la période pharaonique 2780-330 avant notre ère, édition l'Harmattan, 1990, page 388-389.

- Paul Helmlinger : *Dictionnaire duala-français, suivi d'un lexique français-duala*, édition Klincksieck, 1972.

- Prince Dika Akwa nya Bonambela : *Les descendants des pharaons à travers l'Afrique*, éditions Osiris Africa.

- Prince Kum'a Ndumbe III : « *Il y a 122 ans, le sort de tout le Cameroun basculait* », Article sur le Traité Germano-Duala du 11 et 12 juillet 1884, 12 juillet 2006.

Photos & Cartes

- Douala Manga Bell (J-P Felix Eyoum), Kwa Mbanguè (S. Ngwanza), Ndolè (V. Ewane), Temple de Bonalembè, Alfred Saker et Lotin'a Samè (Doual'art), Cartes et vue aérienne de Douala (Google map)

Table des matières

Langues
aux éditions L'Harmattan

INITIATION À L'ARABE PARLÉ AU MAROC (Nouvelle édition)
Jalaly Az Eddine
Vous projetez d'apprendre l'arabe parlé au Maroc, niveau de langue employé pour les besoins de la vie de tous les jours (on parle d'arabe dialectal) ; l'objet de ce manuel est l'initiation à ce niveau. Pour le non-arabophone, l'apprentissage des deux niveaux (littéral et dialectal), bien entendu en fonction de ses besoins, s'impose comme une évidence. Destiné aux arabisants, étudiants ou confirmés, aux populations issues de l'immigration, aux expatriés européens, il permet également un travail en autoapprentissage. (CD inclus).
(35.00 euros, 288 p.) *ISBN : 978-2-296-96810-3*

GUIDE DE CONJUGAISON EN FANG
Akomo-Zoghe Cyriaque Simon-Pierre - Préface de Claver Bibang
Ce livre est un précis qui tente de simplifier l'art de conjuguer en fang. Il répond parfaitement à l'exigence qui consiste à mettre en place une série d'ouvrages scolaires et parascolaires dans le but de vulgariser la langue fang et la rendre plus accessible auprès des locuteurs. Voici un document pionnier dans les études linguistiques relatives à la langue fang en Afrique centrale.
(Coll. Harmattan Cameroun, 14.00 euros, 130 p.) ISBN : 978-2-296-99263-4

ENSEIGNEMENT (L') DES LANGUES VERNACULAIRES : DÉFIS LINGUISTIQUES, MÉTHODOLOGIQUES ET SOCIO-ÉCONOMIQUES
Sous la direction d'El Mountassir Abdallah, Dorais Louis-Jacques
Cet ouvrage dessine les grands défis auxquels se voit partout confronté l'enseignement de langues minoritaires et vernaculaires telles le catalan, l'amazigh, le wolof, le kanak, l'inuit... Au-delà de la situation particulière de chacune d'entre elles, les langues vernaculaires participent toutes d'un même destin : continuer à transmettre l'identité d'un peuple malgré les assauts d'une globalisation langagière qui cherche à les étouffer.
(30.00 euros, 294 p.) *ISBN : 978-2-296-99261-0*

PARLONS SHOR – Langue turcique de Sibérie
Daniyarova Saodat, Daniyarova Barchinoy, Daniyarov Shodiyor
Le peuple shor fait partie de la grande famille turque. Il habite la Sibérie orientale, à l'est du lac Baïkal, dans l'important district de Kemerovo, au Kuzbass. Le nombre de locuteurs est de l'ordre de 15 000 personnes, soit 0,4% de la population du district. Cet ouvrage est le premier en français sur ce peuple qui mérite d'être mieux connu.
(Coll. Parlons..., 19.00 euros, 192 p.) *ISBN : 978-2-296-96497-6*

PARLONS BOURIATE – Russie-Baïkal
Druon Galina
La Bouriatie est l'une des 21 républiques de la Fédération de Russie. Elle est située autour du célèbre lac Baïkal. Le bouriate, langue proche du mongol, parlé par 28 % de la population d'environ un million d'habitants, est menacé par le russe, également officiel au sein de la République. Toutefois, un renouveau d'intérêt pour la culture et les traditions bouriates est nettement perceptible depuis quelques décennies.
(19.00 euros, 190 p.) *ISBN : 978-2-296-56994-2*

GRAMMAIRE DU MASHI
Phonologie, morphologie, mots grammaticaux et lexicaux
Bashi Murhi-Orhakube Constantin
Le mashi est une langue bantoue parlée en République Démocratique du Congo dans la province du Sud-Kivu. Le nombre de locuteurs, estimé à 5000 en 1975 a certainement doublé, voire triplé en 30 ans dans cette région la plus peuplée du pays. Cette langue constitue un moyen de communication intra-ethnique, familiale, des masses populaires les moins scolarisées et les moins urbanisées. Par elles passent les relations entre l'administration locale et la population.
(17.00 euros, 176 p.) *ISBN : 978-2-296-56828-0*

ALBANAIS (L'), UNE LANGUE EN MOUVEMENT
Dynamique de la variation sociolinguistique
Haxhiaj Lianda - Préface de Jean-François P. Bonnot
Le chaos politique et économique de l'Albanie postrévolutionnaire a agi comme un révélateur d'inégalités sociales. Les anciens principes qui structuraient l'État ayant été mis à bas, les références comportementales ont commencé à faire défaut, créant une situation d'instabilité à tous les niveaux, en particulier sur le plan de l'usage linguistique. Cet essai s'attache donc à mettre en lumière les modalités du changement phonético-phonologique appréhendé dans sa dimension sociolinguistique.
(27.50 euros, 266 p.) *ISBN : 978-2-296-97010-6*

L'Harmattan, Italia
Via Degli Artisti 15; 10124 Torino

L'Harmattan Hongrie
Könyvesbolt ; Kossuth L. u. 14-16
1053 Budapest

Espace L'Harmattan Kinshasa
Faculté des Sciences sociales,
politiques et administratives
BP243, KIN XI
Université de Kinshasa

L'Harmattan Congo
67, av. E. P. Lumumba
Bât. – Congo Pharmacie (Bib. Nat.)
BP2874 Brazzaville
harmattan.congo@yahoo.fr

L'Harmattan Guinée
Almamya Rue KA 028, en face du restaurant Le Cèdre
OKB agency BP 3470 Conakry
(00224) 60 20 85 08
harmattanguinee@yahoo.fr

L'Harmattan Cameroun
BP 11486
Face à la SNI, immeuble Don Bosco
Yaoundé
(00237) 99 76 61 66
harmattancam@yahoo.fr

L'Harmattan Côte d'Ivoire
Résidence Karl / cité des arts
Abidjan-Cocody 03 BP 1588 Abidjan 03
(00225) 05 77 87 31
etien_nda@yahoo.fr

L'Harmattan Mauritanie
Espace El Kettab du livre francophone
N° 472 avenue du Palais des Congrès
BP 316 Nouakchott
(00222) 63 25 980

L'Harmattan Sénégal
« Villa Rose », rue de Diourbel X G, Point E
BP 45034 Dakar FANN
(00221) 33 825 98 58 / 77 242 25 08
senharmattan@gmail.com

L'Harmattan Togo
1771, Bd du 13 janvier
BP 414 Lomé
Tél : 00 228 2201792
gerry@taama.net

654515 - Mai 2016
Achevé d'imprimer par

1livre.com
du rêve à la réalité !